사람 살리고 가난 구하는 역성혁명

사람 살리고 가난 구하는 역성혁명

황석영 아름다움 찾기

# 사람 살리고
# 가난 구하는 역성혁명

신경득 지음

살림터

지난해 섣달 집안에 초상을 당하여 둘째 조카 명진과 이씨 지사를 선산에 보낸 적이 있다. 연구실에 머물러 있으면서도 궁금하여 여러 차례 전화통화를 하였는데, 선산을 살펴본 이씨 지사가 말하기를 "신 교수님, 할아버지 산소가 명당이오."라고 하였다. 장례가 끝난 뒤 이씨 지사는 할아버지 산소가 왜 천하대지인가를 설명하고 난 뒤, "이런 자리를 잡는 분은 법안(法眼)을 가진 분이오."라고 하였다. 그 뒤 할아버지 산소를 잡은 김씨 지사를 찾아가 인사를 하였는데, 이씨 지사의 말을 전하였더니 그는 "법안을 가지고는 안 되지요, 심안(心眼)이 있어야 합니다."라고 하였다. 나는 깜짝 놀랐다. 그제야 풍수도 한평생 열심히 하면 도통을 하는 줄 알게 되었다. 어찌 풍수뿐이겠는가. 대장장이도 백정도 석수장이도 한평생을 한 가지 일만을 열심히만 하면 도통을 한다고 하지 않던가.

도대체 법안을 넘어 심안을 가지고 사리를 보는 방법이란 어떤 것인가. 『대학』에 이르기를 "마음에 없으면 보아도 보이지 않고 들어도 들리지 않고 먹어도 그 맛을 알지 못한다(心不在焉 視而不見 聽而不聞 食而不知其味)."라고 하였다. 원효가 무덤 속에서 해골물을 마시고 말하기를 "마음이 일어나면 여러 가지 법이 일어나고, 마음이 없어지면 무덤이 둘이 아니며, 삼계가 오직 마음에 있고 만법이 앎에 있는데, 마음 밖에 법이 없으니 어찌 따로 구하여 쓰리오(心生則 種種法生焉 心滅則 龕墳不二 三界唯心 萬法唯識 心外無法 胡用別求)."라고 하였다.

내 어릴 적, 선비 안동 김씨는 산비둘기가 "지집 죽고 지집 죽고"라고 운다 하였다. 보리 풋바심도 하여야 하고 중의 잠방이도 빨아 널어야 하는데, 마누라 죽은 홀아비 귀에는 산비둘기가 "지집 죽고 지집 죽고"라고 우는 것으로 들린다 하였다. 참으로 마음이란 그런 것이다. 마음이 없으면 보지도 못하고 듣지도 못하고 맛도 알지 못하니, 마음이란 세상을 열어 가는 우주목이 아닌가.

한번은 대학원 학생들에게 소설읽기 강의를 한 적이 있다. 시를 읽는 일이야 워낙 어려운 일이겠지만 소설읽기야 무슨 대수랴 싶었다. 그런데 반응은 의외였다. 소설을 그렇게 읽어야 하는 것이냐고 모두 놀라운 반응을 보이는 것이었다. 이 때부터 강의 시간에 함께 논의한 내용을 글로 써 보면 어떨까 하는 노욕을 품게 되었다.

지난해 정초, 학교에 와서 한 학기 정도면 탈고를 할 수 있으리라 생각하면서 황석영 연구를 시작하였다. 그런데 오산이

었다. '장길산 화소 분류표'를 만드는 데만 한 학기를 낭비하
였다. 또 관계문헌과 자료를 읽어 내는 데 한 학기를 낭비하였
다. 본격적인 작업은 갑신년 가을부터 시작하여, 10월 말에야
겨우 집필을 완료하였다. 글을 쓰는 일이야 원래 노동이지만,
마음으로 글을 읽어 내는 일이야말로 태산준령을 넘는 일이었
다. 가시밭길을 지나면 망망한 대해가 가로막고 있었고, 온통
불면의 구름밭이었다.

　황석영의 중편소설 「객지」에는 1970년대 부랑 노동자의 분
노와 좌절이 엉겨 있다. 그것은 입에 남포를 물고 심지에 불을
붙여 공중으로 날아가는 충격적인 전망을 제시하는 리얼리즘
소설이다. 두 명의 부랑 노동자와 한 명의 술집 접대부가 눈길
을 걸어가는 소설 「삼포 가는 길」은 민중성은 강하나 계급성
은 약한 편이다. 하늘에서 내려온 아기장수가 벅수나 장승으
로 우리 곁에 다가와 우리와 똑같은 모습으로 숨쉬며 살아간
다는 것이 사실적이다. 대하소설 『장길산』은 사람을 살리고
가난을 구하는 미학을 바탕으로 역성혁명을 시도한다는 점에
서 계급성과 역사성을 지니고 있다. 그러나 소설을 관통하는
현실주의라는 미학은 독자들을 답답하게 만든다. 그리고 민중
의 어둠, 겨레의 무지와 무명을 통시적으로 관찰하기 위하여
서로 나누는 이야기, 도둑 이야기, 아기장수 이야기까지 시야
를 넓혀 살펴보았다. 역시 여기에는 무지몽매한 무지와 잔인
한 무명이 방어기제로 자리잡고 있었다.

　이러한 기제는 열강의 침략기를 거쳐 일제 35년과 해방 후

남북 분단에 이르기까지, 아니 오늘날 여성작가의 작품 속에 견고한 뿌리를 내리고 있다. 자신과 가족만을 살리려는 이기주의와 기회주의, 심지어 패배주의와 허무주의가 한국문학의 주류를 형성하고 있는 것이다. 이 견고한 무명의 뿌리를 뽑아내지 않고는 한국문학의 미래는 없다. 민중은 용마를 탄 아기장수가 세상에 나타나 썩어빠진 나라를 엎어 버리고 민중의 새 나라를 세우기를 갈망하고 있다. 그런 의미에서 작가는 저 혼돈과도 같은 어둠을 향하여 불씨를 던지는 예언자가 되어야 한다.

마구 두드리고 부드럽게 다듬어 담금질을 거듭한 끝에 명검을 빚고자 하였으나, 아는 것만큼 쓸 수밖에 없는 무명 때문에 무딘 조선낫 한 자루를 벼려 놓고 말았다. 가끔 숫돌에 갈아 날을 세운다면 나뭇가지나 자르고 잡초를 베는 데 유용하게 쓰일지 모르겠다.

이 글을 쓰는 동안 학부 학생들과 대학원 학생들이 헌신적으로 도와 주었고, 최종적인 교열은 민연옥이 맡았다.

광복 59년 갑자 10월에 지은이 삼가 씀.

# 차례

# 1. 말머리

1970년 벽두에 터진 '전태일 분신자살사건'과 김지하의 '오적사건'은 70년대 박정희 정권의 부침을 알리는 불길한 예언과도 같았다.

이른바 '한국적 민주주의'라는 정치이념은 7·4남북공동성명을 악용하여 10월유신을 선포하고, 개발독재를 단행하게 한다. 또한 '조국 근대화'라는 경제이념은 국가독점자본주의 아래서 압축적인 경제성장을 달성하기 위하여, 수단방법을 가리지 않는 천민자본주의를 낳게 된다.

이와 같은 상황 아래서, 사회운동은 정치적으로 민주화를 요구하는 시민운동이며, 경제적 평등을 요구하는 노동운동일 수밖에 없었다. 특히 노동자, 농민, 도시빈민의 운동은 분배정의를 실천한다는 의미에서, 70년대 사회운동의 핵심을 이루고 있다.

70년대 사회계급은 특권층·중간층·기층민중으로 구성되

어 있었다. 김영모·서관모에 의하면, 70년대 사회구성체 비율은 노동자계급이 45% 내외, 중산계급(층)이 50% 내외, 자본가계급이 1~4%로 나타난다고 한다.

이른바, 특권층을 김지하는 '오적'으로 매도하였는데, 이는 재벌·장성·국회의원·장차관·고급 공무원 등을 말한다. 이들 오적 가운데 재벌은 지극히 권위주의적이고 가부장적인 유교주의자들로서, 박정희 정권의 통치이념과 맥을 같이하고 있다. 5·16군사정변의 세력 주체인 군은 보안기관, 행정부의 치안, 국방 부문, 집권당, 대통령 비서실 등의 통치행정을 담당하였다. 이들 군은 대부분 만주 관동군이나 일본군 출신으로, 재벌들과 함께 친일 경력의 소유자들이었다.

중간층은 자유·자영업에 의한 소상인, 의사, 변호사, 예술가, 농민의 중·상층부와 근로 소득에 의한 중간층 이상의 직업관료, 군장교, 은행원 및 회사원, 종교인, 대학교수, 법관 등으로 구성되어 있었다. 이들의 정치권력 참여 요구는 군부의 최고정치권력 독점으로 좌절되었다.

기층민중은 노동자, 농민, 도시빈민 등인데, 1963년 공업화 초기에 240만 명에 달했던 노동자계급이 1978년에는 630만 명으로 성장했다. 또 작가, 비평가, 해직교수, 해직언론인 등 이른바 '반체제세력'은 박현채에 의하면, 의식 지향성을 보인다는 의미에서 기층민중이다.[1]

70년대 사회운동은 노동운동과 정치민주화운동으로 요약된다.

자주적이고 자생적인 노동운동은 전태일 분신자살사건을 계기로 동일방직 여공들의 알몸투쟁사건과 YH사건을 겪으며 생존권 투쟁으로 전개되었는데, 이 같은 노동운동은 도시산업선교회와 밀접한 관계를 맺고 있었다. 정치민주화운동은 학생운동이 주체가 되었으며, 교련반대투쟁을 발단으로 하여 반독재투쟁, 10월유신·긴급조치 반대투쟁을 전개하고, 마침내는 부마사태를 계기로 하여 10·26사태가 발생하여 박정희 정권이 붕괴되는 결정적인 원인이 되었다. 민청학련사건과 남민전사건에서 보는 바와 같이, 학생운동은 지식인 사회운동과 밀접한 관련을 맺고 있었다.

이러한 정치민주화운동의 노동운동화, 노동운동의 정치사회운동화를 통해 기층민중·지식인·종교인 등이 연대투쟁을 하게 된다.

앞에서 밝힌 바와 같이, 김지하의 오적사건은 70년대 전반에 걸쳐 문단뿐만 아니라 정치사회적으로도 깊은 파문을 던졌으며, 1974년에 이르러서는 자유실천문인협의회가 '문학인 101인 선언'을 발표함으로써, 문학인의 사회변혁에 대한 의지를 표명하게 된다. 이 시기를 주도한 문학이론은 한 문학 계간지

1) 이종오, 「60~70년대 공업화 과정에서의 사회구조의 변화와 사회운동」, 『한국사회학』(1986년 2월호).
　홍두승·안치민, 「산업화와 계층구조의 변화」, 『한국 현대사와 사회변동』(문학과지성사, 1997년).
　조흥식, 「70·80년대 산업화와 빈민」, 『역사비평』(1999년 2월호).

를 중심으로 전개한 소박한 형태의 리얼리즘 문학론이며, 시대를 주도한 소시민 문예미학은 실천문학이나, 민중·민족문학론의 대두를 가로막고 있었다.

이 시기에 활동한 작가로는 다시 문단에 돌아온 김정한을 비롯한 천승세·이문구 등이며, 이들은 외부 정치권력의 침투로 삶의 터전을 뿌리 뽑힌 채 소외당하는 농민의 농촌현실을 형상화하였다. 그리고 70년대 초반에 등장한 황석영·박태순·윤흥길·송기원·신상웅 등은 분단현실과 도시 변두리 빈민의 비참한 삶의 모습을 냉혹하게 폭로하고 있다. 또 조선작·최인호 등은 창녀, 술집 작부, 목욕탕 때밀이, 미장원 미용사 등 밑바닥 기층민중들의 지난한 삶을 소설 상품화하고 있으며, 이청준·조세희 등은 현실과 일정한 거리를 두면서 현실을 관념화하거나 상징화함으로써 오히려 현실을 냉정하게 바라보고 있다. 70년대 후반에 등장한 이문열과 김성동은 종교문제를 소설화함으로써, 이제까지의 작가들과는 또다른 경향을 보여 주고 있다.

황석영은 만주에서 태어나 평양을 거쳐 서울 영등포에서 성장하고, 베트남전쟁에 참전한 후 유신독재와 광주항쟁을 겪고, 이후 소설 쓰기와 함께 민주화운동의 중심에 섰다가 방북과 망명, 투옥으로 이어지는 현대사의 압축적인 삶을 살아온 작가이다.

그는 「입석 부근」과 「탑」 등의 습작소설을 거쳐, 1971년 야심작 「객지」를 발표함으로써, 당대 중심 화두였던 노동문제를 문학의 중심과제로 끌어올린다. 「객지」의 부당한 노동 탄압에 대한 노동자의 맞서 버팀이라는 양식과 「삼포 가는 길」의 현실과 거리를 둔 기층민중의 서로 나눔 양식이 변화를 겪어, '맞서 버팀'과 '서로 나눔'의 혼합된 형태인 대하소설 『장길산』이 된다.

황석영의 문예미학은 근본적으로 사람을 살리는 활인(活人)과 활빈(活貧)에 맞닿아 있는데, 이는 교산 허균과 연암 박지원의 활인지계(活人之計)사상과 맥을 통하고 있다. 또한 사람을 살리는 아름다움은 불교의 용화사상이나 동학의 포덕사상과도 같은, 전통적이고 역사적인 것이기도 하다.

이 논문에서는 「객지」, 「삼포 가는 길」, 『장길산』의 밑바디를 '활인'과 '활빈'이라는 미학을 중심으로 분석하고자 한다. 그리고 이와 같은 목적을 효과적으로 달성하기 위하여, 계급성·민중성·역사성 등의 리얼리즘 세부미학을 부려쓰고자 한다. 계급성은 착취지배구조를 분석하기 위하여, 민중성은 노동자의 선진성을 살펴보기 위하여, 역사성은 역사의 주체로 일어섬을 살펴보기 위하여 필요한 덕목이기도 하다.

또 대하소설 『장길산』을 관통하는 현실주의 미학을 한국문화 전통에서 찾기 위하여 시야를 넓혀 서로 나누는 이야기, 도둑 이야기, 아기장수 이야기의 방어기제를 아울러 검토하고자 한다. 그러나 이와 관련된 화두와 일정한 거리를 두고 있는 모든 곁가지는 잘라 내기로 한다.

# 2. 부당한 노동 탄압에 대한 맞서 버팀

황석영이 1971년 「객지」를 발표하고 나서 이듬해 같은 제목으로 창작집을 펴내자, 신동한·오생근 등이 황석영의 작품에 관한 서평을 발표한 바 있으며,[2] 이보다 앞서 김병걸은 「객지」에 관하여 중요한 발언을 하고 있다.

우리의 젊은 작가층에서, 리얼리즘의 정신에 입각한 행동성의 문학을, 탁월하게 형상화한 것은 황석영 씨의 「객지」일 것이다. 이 작품은 '풍부 속에서의 빈곤'이 낳은 계층 간의 분열과 마찰과 대결의 현장을 날카롭게, 그러나 예술적 유연함을 충분히 견지하면서 검증하고 있다. 이 작품의 기법에 있어서의 리얼리즘은 대상을 있는 그대로 수동적으로 받아들이는 구

2) 신동한, 「폭넓은 리얼리즘의 세계」, 『창작과비평』(1974년 가을호).
   오생근, 「절실한 절망의 힘」, 『창작과비평』(1978년 가을호).

식 리얼리즘의 객관성과는 달리, 아고스티의 이른바 변증법적
리얼리즘, 즉 객체의 작용과 의식의 반작용과의 교직관계를
충실하게 나타내고 있다.[3]


　김병걸의 말에 따르면, 황석영의 「객지」는 리얼리즘의 정신
을 탁월하게 형상화하였다는 것인데, 여기서 황석영의 리얼리
즘이란 구식 리얼리즘의 객관성이 아니라 '객체의 작용과 의
식의 반작용과의 교직(交織? · 따온이) 관계', 즉 변증법적 리
얼리즘이라는 것이다.
　이러한 김병걸의 증언은 여러 가지 의문을 낳는다. 과연, 객
체의 작용과 의식의 반작용이 서로 교직만 한다면 리얼리즘이
되는 것일까. 또 황석영은 이러한 변증법적 사실주의를 소설
로 형상화한 것일까. 이러한 의문에 답변하기에 앞서, 이와 유
사한 증언을 하고 있는 염무웅의 말을 주의 깊게 살펴보자.


　우리는 그것을 내용과 형식, 현실과 상상력, 예술적 대상으
로서의 객체와 대상을 작품화하는 힘으로서의 주체, 그리고
현실의 객관적인 합법칙성과 그 주체적인 발전 경향 사이의
변증법적 통일을 구현한 미적 형상으로서 이해하고자 한다.[4]

3) 김병걸, 「한국소설과 사회의식」, 『창작과비평』(1972년 겨울호), 766
쪽.
4) 염무웅, 「리얼리즘론」, 『문학사상』(1973년).
　10월호가 원본 텍스트나, 여기서는 최종 개정판 「염무웅 평론집」, 『민

위의 글은 염무웅이 '예술적 통일로서의 리얼리즘'이라는 글 가운데 카뮈의 리얼리즘을 요약한 부분이다. 카뮈의 리얼리즘이란, 거칠게 요약하면 상반되는 두 세계의 변증법적 통일이라는 것이다. 물론 이러한 카뮈의 리얼리즘에 관하여 의문이 없을 수는 없다.

1970년대 전반에 걸쳐 리얼리즘 문학론은 중요한 화두로 등장하고 있다. 염무웅·류종호·김병걸 등은 서구 리얼리즘 전반에 대하여 논의하고 있으며, 구중서는 리얼리즘의 한국에서의 전개 과정을 검토하고 있다.[5] 그러나 왜 리얼리즘이 70년대 한국문단에서 새삼스럽게 논의되어야 하는지에 대해서는 아무도 말하지 않고 있다. 즉 민중의 변혁에 대한 욕구에 대하여 모두 침묵을 지키고 있는 것이다.

1980년에 가서야, 임철규에 의하여 리얼리즘의 시대적 당위론이 일정하게 밝혀진다.[6] 바로 현실의 모순을 극복하여, 이 현실에서 새로운 세계를 창조하고자 하는 것이 리얼리즘의 기본정신이며, 이기주의 극복이 리얼리즘의 윤리정신이라는 것이다.

중시대의 문학』(창작과비평사, 1994년), 115쪽에서 따옴.
5) 류종호, 「근대소설과 리얼리즘」, 『창작과비평』(1976년 봄호).
    김병걸, 위의 책.
    구중서, 「한국 리얼리즘 문학의 형성」, 『창작과비평』(1970년 여름호).
6) 임철규, 「우리 시대의 리얼리즘」, 『창작과비평』(1980년 여름호).

소설을 '신에 의해서 버림받은 세계의 서사시'라고 말한 루
카치는 현실을 충실하게 반영한다는 것은 사회구조의 모순을
날카롭게 통찰하여, 앞으로의 사회발전 방향을 보여 주는 것
이라고 하였다. 또 소설은 '문제적인 주인공'이 절대적인 가
치가 발견될 수 없는 현실에서 절대적인 가치를 찾다 패배하
는 세계라는 것이다. 루카치의 전형성이란 총체성을 말하며,
총체성이란 비본질적인 소재에서 본질적인 것, 즉 미래의 역
사적 방향을 제시해 주는 진보적 요소들을 선택하여 조직하는
유기적 원리를 말한다. 이러한 총체성은 장 폴 사르트르나 루
시앙 골드만에게는 전체성이며, 르네 지라르에게는 진정성이
다.

그러나 '창비' 평론가들이 리얼리즘의 역사적인 방향 제시
와 진보적 이념을 방기하고 소시민 문학론에 침몰한 결과, 70
년대 후반부터 민중문학론자들에게 평론의 영도력을 이월하
고 만다.

그렇다면 황석영은 70년대 리얼리즘을 어떻게 인식하였으
며, 창작 미학으로 도입하였을까.


한국문단에서 리얼리즘이 스타일의 문제가 아니라 '자세'의
문제였지요. '사실주의'라고 번역되었지만 80년대 초에 '현실
주의'라고 번역을 바로잡은 지 오래 되었습니다. (……) 우리
가 규정하는 용어가 '현실주의'인 한, 현실주의 문학예술은 늘
살아 생동하는 생물입니다. 어느 형식에도 매일 필요가 없겠

지요. 현실주의 예술세계의 확장을 위하여 창작자는 언제나 자기 작품을 새롭게 갈고 닦아 나갈 책임과 의무가 있기 마련입니다. 형식은 무슨 사조나 유행에 따라서 변하는 게 아니라 예술가의 창작 과정에서 형성된 필연적인 결과여야 합니다.[7]

황석영이 말하는 현실주의란, 염무웅이 지적하는 바와 같이, 명분과 도의 따위에 얽매이지 않고, 철저히 현실적 이해득실에 따라 행동하는 냉혹한 현실주의를 뜻하는 것인지는 확인되지 않는다. 다만, 황석영에게 있어서 리얼리즘이란, '사실주의'로 인식될 때는 일종의 문학 형식이고, '현실주의'로 인식될 때는 일종의 문학 내용으로 보인다는 점이다. 그러나 그것이 독자 대중이 요구하는 답변은 아니다. 왜냐하면 당대 독자 대중은 황석영에게 '그가 소설이라는 문학 갈래로 어떻게 현실의 모순을 극복하여, 이 현실에서 새로운 세계를 창조할 것인가'를 요구하고 있기 때문이다.

중편소설 「객지」에서 황토가 드러난 언덕길과 모래, 갯벌, 바다가 차례로 이어져 있고 만(灣)의 양끝에서 직선으로 뻗어 나간 궤도차의 선로가 바다 속으로 감춰진 간척지는 소설의 배경이 아니라, '문제적인 주인공들'이 현실의 모순을 극복하고 새로운 세계를 창조하려는 환경이다.

<hr>

7) 황석영 대담, 「새로운 문명적 대안과 문학론을 위하여」, 『아들을 위하여』(이룸, 2000년), 81~82쪽.

소설에 드러나는 계급성은 하층 착취지배구조가 정밀하게 묘사되어 있는 데 반하여, 상층 착취부패구조는 잘 드러나지 않는다. 소설에서 상층 지배층은 현장소장·도지사·국회의원 등이지만, 현장소장을 빼고 나머지 두 계층은 추상화되거나 상징화되어 있다. 현장에 본사 직원이 파견되어 있으나, 그 역할이 미약한 편이다. 본사의 회장을 둘러싼 간부 경영층과 국회의원·장차관·고급 공무원 사이의 부패타락구조 역시 제대로 형상화되어 있지 않다.

이와는 반대로, 부랑 노동자 위에 군림하는 서기·십장·감독·감독조의 착취지배구조는 섬세하게 묘사되어 있는데, 서기는 매점을 경영하면서 전표장사를 하고, 십장과 감독은 함바를 경영·관리하면서 부랑 노동자들을 착취하고 있다. 조폭으로 구성된 감독조 봉택이네는 노동을 하지 않으면서 이중으로 전표를 벌어들이고, 웃개 임금을 중간 착취한다. 뿐만 아니라, 파업을 선동하거나 진행하는 노동자들에게 무차별 폭력을 가함으로써 사태를 악화시키는 장본인들이다. 또 노동자 가운데 심어진 비서 종기는 일을 하지 않으면서 전표를 벌고 노동자의 동태를 관리층에 보고하는 끄나풀 노릇을 하고 있다. 그리고 현장소장과 경찰의 관계는 일정한 거리를 두고 있는 것으로 묘사되고 있다.

민중성이란, 개인의 이기주의를 극복하고 집단의 이익을 위하여 복무하는 선진 민중성을 말한다. 소설 속에서 대위는 군하사관 출신이며 이동혁은 제대군인 출신인데, 처음부터 민중성을 지닌 긍정적인 인물로 그려져 있다. 처음부터 파업을 선동하던 대위는 감독조의 심한 폭력으로 중상을 입고도 파업 현장에서 노동자를 독려하는 인물이다.

그러나 노동자 가운데 숨겨진 비서 종기는 드러난 끄나풀이고, 파업 현장에 들어와 타협을 종용하는 늙은 노동자 장씨는 숨겨진 떡밥이다. 부상자 네 명을 들고 산 아래로 내려간 노동자들은 파업 현장으로 돌아오지 않는다. 땡볕이 내리쬐는 산 위에서 노동자들이 파업을 하고 있는 동안, 남은 노동자들은 인상된 임금과 개선된 노동 조건 아래서 반사이익을 누리고 있다. 또 벙어리 오가와 대위를 감독조에게 방기함으로써, 파업을 전략적으로 이용하는 행위는 정당한 민중성으로 보기 힘들다.

그러니까 작가는 민중의 철저한 이기주의를 극복하고 노동자 집단의 이익을 위하여 각성·복무하는 민중의 영웅을 형상화하려는 데 그 의도가 있었던 것 같다.

소설 속에 드러나는 역사성을 살펴보기 위하여, 이동혁의 깨도·각성 과정을 추적하여 보자.

곱슬머리 이동혁은 사흘 동안의 파업이 실패로 끝난 간척지 현장의 노동자로 들어오면서, 마치 파견된 공작원처럼 대위의 파업 준비에 참여하게 된다. 이동혁은 처음부터 파업이 폭동으로 변해서는 안 된다는 입장이다. 개선을 위해 쟁의를 해야지 원수를 갚는 심정으로 파업을 해서는 안 된다는 것이다. 분노한 부랑 노동자들이 삽과 곡괭이를 거머잡고 현장사무실로

달려가 사무실로 난입하려 하자, 이동혁은 노동자들을 저지하
면서 이렇게 말한다.

"기다려야 합니다. 시간 여유를 달라는데, 여태 기다리고 살
아온 우리가 한두 시간, 하루 이틀을 못 기다리겠습니까. 무턱
대고 사람을 치거나 기물을 부수면 저쪽을 유리하게 만들어
주는 결과가 되고 맙니다."[8]

전표를 바꿔 현금을 마련하고 감독조에게 벙어리 오가를 방
기하다가 그들에게 두들겨 맞아 기절한 오가를 업고 함바를
돌며, 파업을 주도면밀하게 선동한 이동혁을 노동자들은 오히
려 회사가 잠입시킨 프락치로 오해하게 된다. 3함바 고참 인부
가 현장소장과 파업 조건을 일정하게 타협하고 돌아왔을 때,
이동혁은 그것이 현장소장의 기만적인 회유책임을 간파하고,
자신은 국회의원들이 간척지 현장을 시찰하러 오는 내일까지
단독으로 파업을 계속하겠노라고 선언한다. 그리하여 이동혁
은 심지가 바깥쪽으로 가도록 남포를 입에 물고 바위산으로
간다. 이는 부랑 노동자 한동이가 말한 것처럼, 이동혁이 남포
에 불을 붙여 주둥아리에 물고 공중으로 날아가 버리는 것을
의미한다. 이 때, 이동혁은 알 수 없는 강렬한 희망이 어디선
가 솟아올라 그를 가득 채우는 것 같았다. 이것은 한 노동자가

8) 황석영, 「객지」, 『한국소설문학대계』(동아출판사, 1995년), 174쪽.

부당한 노동 탄압에 맞서 일어섬을 감동적으로 형상화한 부분이라고 할 수 있다. 여기서 감동적이라고 말하는 까닭은, 자본가는 노동자를 탄압할 여러 가지 수단이 있으나 노동자가 사용자에게 맞서 버틸 수 있는 유일한 무기는 몸뚱아리로 하는 파업뿐이기 때문이다.

70년대 초반의 냉전 체재 아래서, 1930년대 한국의 카프문학을 효과적으로 체험한다거나 러시아의 사회주의 소설, 또는 조선의 고상한 애국주의 소설 작품을 제대로 읽어 볼 수 없는 독자 대중에게, 황석영의 「객지」와 같은 사실주의 소설은 충격적인 감동을 주었을 것으로 믿어진다. 물론 「객지」가 머금고 있는 계급성의 미약한 인식이나 부랑 노동자의 철저하지 못한 민중성, 또는 깨도나 각성이 생략된 주된 인물의 미약한 역사성은 당대 사실주의 문학의 취약성으로 남아 있다.

그러면 이러한 황석영의 취약한 작가정신이 단편소설 「야근」에는 어떻게 노출되어 있는가 살펴보자.

한 노동자가 공장 고압선에 감전되어 죽었다. 어머니가 준 고추 판 돈을 가지고 서울에 올라와 공장 노동자가 된 사람이다. 공장 파업이 지지부진하자 노동자는 동력선을 끊고 감전되어 죽은 것이다. 그런데 이렇게 죽은 노동자의 시신을 두고 회사측에서는 쟁의와 장례는 별개의 것이라는 입장이고, 파업 중인 노동자들은 죽은 노동자의 시신이 그들 전부와 맞먹는 실력행사를 하고 있다고 하면서 시신을 담보로 쟁의를 계속하고 있다. 또 쟁의 중인 노동자들은 노조를 불신하고 있으며,

죽은 노동자가 기능공이라는 것을 내세워 업무별 노동자끼리
도 서로 첨예하게 대립되어 있다. 파업 사실을 선의로 과장에
게 말한 한 노동자가 밀고자로 밝혀지면서, 노동자들에게 집
단폭행을 당한다.

이와 같이 황석영은 자본가의 추태가 아니라, 노동자의 과도
한 목적의식에 따른 이기주의에 초점을 맞추고 있다. 물론 이
러한 문학을 리얼리즘 문학이 아니라고 부정할 수는 없다.

여기서 다시 한 번 리얼리즘의 정신으로 돌아가 보자. 리얼
리즘 문학은 사실주의적이면서 또한 이상주의적이다. 이상주
의적이란 문학작품이 창조적 예술가의 비전을 포함하고 있다
는 뜻이고, 사실주의적이란 문학작품이 그 시대의 사회적·역
사적 현상 가운데 본질적인 요소들을 재현한다는 뜻이다. 이
와 같은 의미에서 과학적 비전과 예술적 비전의 타협이 바로
리얼리즘이다.[9]

황석영은 「야근」에서 사실주의가 갖추어야 할 '본질적인 요
소들을 재현'함에 있어서, 노동자의 민중성과는 일정한 거리
를 유지하고 있다. 이럴 경우, 황석영의 문학은 시대정신과 일
정한 거리를 둠으로써 리얼리즘 문학이 아니라 자연주의 문학
이 되고 만다.

황석영 소설의 배경은 어둡고 음습하며 누추하다. 「몰개월

---

9) 앞의 글, 22~23쪽.

의 새」에서 작부들은 거의가 슬레이트 지붕에 흙벽돌이나 블록으로 지은 바라크에 기거하고 있으며, 「낙타 누깔」의 주인공은 변기 위에서 나를 올려다보는 낙타 누깔을 보며 토악질을 하고 있다. 「장사의 꿈」에서 날개 잃은 아기장수는 목욕탕의 때밀이로, 백열등과 조명판 아래에서는 포르노 배우로, 약수터나 음습한 여관 등지에서는 호스트로 활동하고 있고, 「섬섬옥수」에서는 모처럼 강이 보이고, 바람이 갈대밭을 지나고 있다. 「이웃 사람」의 주인공은 종합병원 칸막이에서 피를 팔고, 영양빵 두 개와 오백 원짜리 두 장을 받아들고 나오며, 「돼지꿈」에서 밑바닥 따라지들이 기거하는 도시 변두리 빈민촌에는 콜타르의 종이지붕·연두색 슬레이트가 보이고, 유휴지 이곳 저곳에 일구어 놓은 채소밭이 보인다. 이 곳에는 파월 군인, 술집 작부, 목욕탕 때밀이, 포르노 배우, 호스트, 고물상, 행상, 공원, 노동자 등이 구더기처럼 굼실거리고 있다. 그들은 넘지 못할 선이 없으며, 범해서는 안 될 금기도 없고, 지켜야 할 윤리나 도덕은 더구나 없다. 이 곳에는 상대방을 기죽이는 무자비한 비어와 욕설들이 범람하고 있다.

결국, 도살장으로 팔려간 황소들의 앞뒤 이야기가 「몰개월의 새」와 「낙타 누깔」이다. 동물원 침팬지에게 과자 부스러기를 장난삼아 던져 주다가 손가락을 물린 이야기가 「섬섬옥수」이다. 「이웃 사람」은 피를 팔아 창녀를 사는 몰락 노동자의 회고담이며, 「장사의 꿈」은 날개 잃은 아기장수의 회고담이다. 인간의 탈을 벗어 던진 해방구의 수인들은 「돼지꿈」에서 그들의 신분에 걸맞는 행동을 한다. 그들은 누군가에게 버림을 받고 배신을 당한 따라지들이며, 따라서 구멍이란 구멍은 모두 쑤셔 보고, 문이란 문은 모두 젖혀 놓아야 직성이 풀리는 어둠의 자식들이다.

　황석영 소설에는 사회 모순의 극복이나, 이상적인 사회의 재창조는 없다. 어두운 현실에 대한 분노와 폭로뿐이다. 이러한 점에서 황석영 소설에는 리얼리즘 요소보다는 자연주의적 요소가 월등하다. 이러한 황석영의 단편소설을 놓고 볼 때, '창비' 비평가들은 황석영을 지나치게 과대평가하였다.

# 3. 더불어 사는 민중의 서로 나눔

풀은 서로 뒤엉켜 산다. 강한 놈은 하늘로 곧추 솟아오르고, 약한 놈은 바닥으로 긴다. 약한 놈이 강한 놈의 모가지를 감아 올릴 때, 강한 놈은 이웃의 어깨를 겯는다. 바람이 불면 몸뚱 아리를 죽창처럼 곧추 세우고 함성을 질러 대다가, 마침내 신음 소리를 내며 함께 쓰러진다. 바람이 지나가면 풀은 기대고 밀며 서로 일어선다. 이것이 민초들의 민중성이다.

황석영의 단편 「삼포 가는 길」은 이미 앞에서 살펴본 「객지」와 「야근」처럼 '희생양 콤플렉스'가 소설의 원형이고, 민중의 각성과 깨도를 촉발하였다는 점에서 '프로메테우스 콤플렉스' 또한 이 소설의 원형이기도 하다. 염상섭의 「만세전」이나 이효석의 「메밀꽃 필 무렵」처럼 '길'이 소설의 배경이라는 점에서 '길' 모티프 소설이며, 길의 속성상 소설의 형식은 원형성을 지니게 된다. 여기서 원형성이란, 세 명의 부랑 노동자가 이미 앞서 길을 걸어왔고, 또 현재 길을 걸어가고 있으며, 앞으로도 길을 걸어갈 것이라는 삶의 순환 고리를 말한다.

이 소설은 「객지」, 「야근」을 거쳐, 대하소설 『장길산』으로 넘어가는 징검다리 성격의 소설이다. 앞의 두 편 소설이 현실 억압구조인 계급성이 강한 데 반하여, 이 소설은 억압구조가 약화된 반면 민중성이 강화된 것이 특징이다.

단편 「삼포 가는 길」은 빼고 보탤 것이 없는 완벽한 형식의 단편이며, 잘 빚어진 항아리처럼 주제가 절제되고, 문장은 탄탄하게 압축되어 있어, 우리 시대의 고전적 단편이라고 불러도 무방할 것이다. 한국문학사를 되돌아보면, 작가들의 수많은 탁마에도 불구하고 회자되는 대표작 한 편이 없는 작가가 허다하다. 황석영은 단편 「삼포 가는 길」한 편만으로도 한국문학사의 금자탑을 세웠으며, 이를 문학 지망생들은 본보기로 삼아 곱씹어 읽어야 할 것이다.

단편 「삼포 가는 길」의 완벽한 형식 속에 숨어 있는 '민중의 서로 나눔'이라는 주제를 밝혀 보기 위하여, 소설을 우선 시간 순차로 풀어 보기로 한다.


ㄱ. 십여 년 전 고향을 떠난 정씨는 부랑 노동자로 이리저리 떠돌다 '큰집(감옥)'을 다녀오기도 하고, 감옥에서 배운 이러저러한 기술을 활용하여 막노동판을 떠돌아다니면서도, 언젠가는 고향 삼포로 돌아가려는 간절한 희망을 버리지 않는다.

ㄴ. 18세의 어린 나이에 고향을 떠난 백화는 삼 년 동안이나 인천 노랑집, 대구 자갈마당, 포항 중앙대학, 진해 칠구 등지

에서 작부로 몸을 팔아 가며 살면서, 몇 번이나 먼발치에서 고
향을 바라보다가 되돌아온다.

ㄷ. 대전에서 품을 팔며 옥자랑 살림을 하던 노영달은 넉 달
전에 현재의 공사장으로 온다.

A. 어느 겨울날 아침 정씨와 노영달이 서로 만나, 고향으로
가는 정씨를 따라 노영달도 길을 나선다.

B. 함께 길을 가면서 노영달은 대전에서 옥자와 살림하던
이야기를 하고, 정씨는 큰집 다녀온 일과 고향 삼포에 관한 이
야기를 나누면서 아침 짓는 연기가 엷게 퍼져 흐르는 찬샘골
이 내려다보이는 언덕에 이른다.

C. 찬샘골 식당에 들러 국밥을 먹던 두 사람은 뚱뚱보 여주
인으로부터 도망친 백화를 잡아 주면 만 원을 주겠다는 제안
을 받는다.

D. 감천으로 가던 두 사람은 소나무 밑에서 허연 궁둥이를
드러내 놓고 소변을 보는 백화를 만나 티격태격하며, 지난 삼
년 동안의 이야기를 들으며 눈길을 걸어가다, 어느 빈 집 농가
에서 쉬어 가기로 한다.

E. 빈 집 봉당에서 모닥불을 피워 놓고, 백화는 여덟 명의
군죄수를 옥바라지한 이야기를 들려주고, 다시 눈길을 가다가
발을 삐자 노영달이 업고 간다.

F. 저녁 일곱시에 감천역에 도착한 세 사람은 시루떡을 사
먹고, 노영달과 정씨가 백화에게 기차표와 먹을 것을 사 주자,
기차를 타러 갔던 백화가 되돌아와 자신의 본명은 이점례라고

말한다.

　G. 대합실에서 한 시간쯤 잠을 자다 깨어난 두 사람은 한 노인으로부터 삼포가 간척지 매립공사 중이라는 말을 듣고, 삼포행 기차를 그냥 떠나보낸다.


　논의를 진행하기 앞서, 위와 같이 요약한 시간 순차가 어떤 짜임새로 엮어지는가를 미리 살펴보기로 한다.

　ㄱ 단락은 정씨의 감옥살이 화소인데, A 화소의 소설 전개 과정으로 녹아 들어가고, ㄴ 단락의 백화의 과거담은 D 화소로 들어가, 백화가 기고만장하여 두 사람에게 자신의 과거담을 연설하는 장면으로 형상화된다. ㄷ 단락의 대전에서의 이야기는 각각 B 화소와 E 화소로 분리 투영되어 노영달의 성격을 전형화시키고 있다. 결국 「삼포 가는 길」의 화소는 모두 7개로 나누어지는데, 물론 이는 소설의 긴밀하고도 기능적인 짜임새를 위한 결과로 보인다.

　이미 밝힌 바와 같이, 「삼포 가는 길」은 앞서 살펴본 「객지」나 「야근」보다 현실적 억압구조인 계급성이 약화되거나 사라져 버린다. 노영달은 까무잡잡한 청주댁과의 그 현장을 천가에게 들켜 방아실에 숨어 있다가, 밥값을 떼어먹고 도망을 나온 형편이다. 백화는 서울식당 뚱뚱보 여편네에게 약값·옷값·식비로 오만 원의 빚을 지고 도망가는 형편이지만, 자신은 그녀에게 손해를 끼친 것이 없다고 말한다. 소설에서 자유로운 사람은 정씨 하나뿐이다. 그러나 서울식당 사내들이 월

출로 백화를 잡으러 갔기 때문에, 감천으로 접어든 세 사람은
억압구조로부터 자유를 누리게 된다.

　겨울날 이른 아침, 노영달은 이렇다 할 갈등 없이 고향으로
떠나는 정씨를 따라 동행하게 된다. 그러나 두 사내와 백화가
서로 만나 화해를 하며 동행을 하는 과정에는 몇 개의 갈등구
조가 보인다. 노영달이 짓궂게 백화를 잡아다 서울식당에 넘
겨 주겠다는 농담이나, 백화가 노영달을 넘어뜨리고 연설을
하는 장면 따위가 그것이다. 세 사람은 빈 농가에 이르러 나무
를 꺾어 불을 피운다. 눈물을 흘려 가며 입김을 불어 대는 노
영달을 보고 백화는 그에게 괜찮은 사내라고 말하는데, 이는
백화가 고향에서 겪어 봄직한 어떤 체험과 원초적 체험의 일
치를 나타낸 심리적 급변이라고 할 수 있다. 더구나 세 사람이
빈 농가에서 불을 피우는 화폭은 이른바 황금분할인 삼각구도
를 이루고 있다. 노랗게 타오르는 모닥불 앞에서 백화는 화류
계 연애의 독한 순정을 말한다. 여덟 명의 군죄수를 옥바라지
한 갈매기집 시절의 이야기가 그것이다. 뒤이어 백화가 눈길
에서 발을 삐고 노영달의 등에 업혀 가며 노영달의 듬직한 어
깨에서 참다운 사내를 느끼고, 노영달은 대전에서 동거하던
옥자를 떠올리며 아련한 아픔에 젖어든다. 개털모자에 맹꽁이
가방을 멘 도깨비 같은 정씨가 앞장을 서고, 백화를 업은 노영
달이 눈길을 걸어가고 있다.

　어디에도 뿌리를 내릴 길 없던 세 명의 부랑 노동자는 눈길
위에서 모처럼 고향에 돌아온 듯한 따뜻한 일체감을 체험하게

된다. 그것은 길을 가며 잠시나마 그들이 맛본 열반세상이고, 용화세상이다. 기차표와 먹을 것을 받은 백화가 두 사람에게 돌아와 자신의 본명이 이점례라고 밝히는 화폭은 버선목을 뒤집어 보이는 것처럼, 노동자의 진정한 총체성을 드러내는 장면이라 할 수 있다. 위로는 지혜를 구하고 아래로는 중생과 더불어 산다는 부처의 말씀이 중생이 사는 세상의 한가운데에서 동시에 체현되었음을 나타낸다. 세 사람의 부랑 노동자는 눈길 위에서 잠시 잠깐 고향과도 같은 용화세상을 체험한다.

그렇다면 세 사람의 부랑 노동자가 얼마나 강력한 개성을 갖춘 생동감 넘치는 전형적인 인물이며, 이 인물이 어떻게 발전하는가를 살펴보기로 한다.

노영달은 가릴 것 없이 선과 악을 넘나드는 중생 수준에 머물러 있다. 천가 여편네와 통정을 할 수도 있으며, 밥값을 떼어먹고 도망을 갈 수도 있다. 백화를 곯려 줄 수도 있으며, 다리를 다친 백화를 등에 업고 눈길을 갈 수도 있는 인물이다. 또 정씨의 말에 따라 마지막 돈을 털어 백화에게 차표와 먹을 것을 사 줄 수 있는 인물이다. 따라서 따뜻한 인간의 본질이 살아 있는 인물이며, 『장길산』에서는 장길산이나 마감동 또는, 소금장수 강선홍과 같은 인물로 변화한다.

황석영이 「삼포 가는 길」에서 가장 성공적으로 전형화한 인물은 정씨이다. 정씨는 두 사람과는 늘 일정한 거리를 유지하고 있다. 큰집을 다녀왔으나 시원시원하고 만사태평인 통큰 사람이다. 노영달과 백화가 티격태격하고 있을 때, 정씨는 웃

음을 참느라고 고개를 돌려 송림을 바라본다. 세 사람이 길을
갈 때 언제나 앞장을 서며, 때로는 처마 밑에 엉거주춤 서 있
다. 감천역에 도착했을 때도 정씨는 노영달을 한쪽으로 끌고
가 백화에게 기차표와 먹을 것을 사 주자는 제안을 한다. 정씨
는 현실에서 한 걸음 물러난 마을 어귀의 장승이나 절간 입구
를 지키는 벅수와도 같은 인물이며, 『장길산』에서는 광대 장
충이나 손돌 노인으로 발전한다.

이 소설에서 사실상의 주인공인 백화는 삼 년째 지방을 돌며
술과 몸을 판 작부이다. 찬샘골 서울식당에서는 군화를 팔아
찾아오는 군인들에게 술과 몸을 팔고, 낮에는 밥을 짓고 술청
에서 일도 한다. 그러나 이 소설의 백미는 백화가 모닥불 앞에
서 고백한 군죄수 여덟 명에 대한 옥바라지 삽화이다. 백화는
사역 나온 군죄수에게 담배 두 갑을 사 준다. 그리고 음식을
장만하여 군죄수를 면회 간다. 두 달 만에 이등병 계급장을 달
고 백화를 만나러 왔다 하룻밤을 같이 보낸 병사는 전속지로
떠나간다. 옷 한 벌을 못해 입었지만, 갈매기집에서의 그 시절
이 가장 행복한 나날이었다. 백화는 새로운 병사가 떠날 때마
다 차부로 나가 먼지 속에 버스가 가리울 때까지 서 있곤 했었
다.

혹자는 술집 작부가 무슨 보시를 하느냐고 비웃을지도 모른
다. 그러나 백화는 그녀가 가진 모든 것을 여덟 명의 군죄수에
게 주었고, 이등병 계급장을 단 군인이 백화를 찾아왔을 때,
하룻밤 몸을 주어 보낸다. 뿐만 아니라 차부까지 배웅을 나가,

사람을 떠나보내는 아련하고도 막막한 슬픔에 젖기도 한다.

합천 해인사의 원철 스님에게 백화 이야기를 들려주고, 이와 유사한 불교설화가 있느냐고 물었더니, 일본 불교설화에 창녀가 몸 보시하는 이야기가 있다고 하였다. 그리고 나에게 『본생경』 읽기를 권하였다. 나는 백화 이야기와 유사한 일본 불교설화를 확인하지 못하였다. 『본생경』을 모두 읽어 보았으나, 이와 유사한 이야기는 없었다. 그래서 황석영이 어떤 불교설화를 근거로 하여 백화라는 인물을 창조하였는지는 확인할 수 없었다. 하필이면 왜 여덟 명의 군죄수에게 몸 보시를 하였느냐는 나의 질문에 대해, 원철 스님은 팔정도(正見 正思惟 正語 正業 正命 正精進 正念 正定)를 상징화한 것 같다고 하였으나, 그것은 단순한 수치일 뿐 과도한 의미화가 아닌가 싶다.

옛날에 두 임금이 있었는데, 한 임금은 불도를 이루어 널리 무리를 남김없이 제도할 것을 발원하였고, 또다른 임금은 죄와 고통에 빠진 이들을 먼저 제도하되, 그들 중 안락을 얻고 보리를 이루지 못하는 자가 있으면 성불하지 않겠노라고 대원을 세웠다. 그래서 성불하여 중생을 구하겠다고 한 임금은 출가하여 일체지성취여래가 되었고, 성불을 원하지 않은 임금은 지장보살이 되었다고 한다. 아는 바와 같이, 지장보살은 사바세계의 중생들을 위하여 옷을 모두 벗어 주고 자신의 몸은 땅속에 숨긴 채 머리만 세상 밖으로 나타냈다 한다.

유마 힐이 말하기를 "중생이 병을 앓을 때 보살도 병을 앓으며, 중생의 병이 나으면 보살의 병도 낫습니다."고 하였다. 석

가모니는 유마 힐을 인준하고 난 뒤, 무위에 머물러서는 안 된다고 하였는데, 이는 위로 보리를 구하였으니 아래로 중생과 더불어 살아야 한다는 실천을 강조한 것 같다.

『미륵하생경』에는 미래의 부처 미륵불이 세상에 와서 이룩할 용화세상을 신비롭고도 아름답게 서술하고 있다.

이와 같은 백화의 전형은 『장길산』에서 묘옥이나 무당 원향, 또는 여환 같은 인물로 발전한다.

이점례가 떠난 뒤 두 사람은 기차역 대합실에서 잠시 눈을 붙이고 깨어났을 때, 한 노인으로부터 정씨의 고향 삼포가 온통 공사장으로 변하였다는 소식을 듣게 된다. 10년 만에 고향을 찾아가는 정씨의 가슴속에 있는 고향은 10여 호 되는 마을에 땅은 비옥하고, 고기도 얼마든지 잡을 수 있는 아름다운 땅이었다. 두 사람은 고향으로 가는 기차를 그냥 떠나보낸다. 노영달은 백화가 고향으로 돌아갔으나 사나흘도 견디지 못하고 고향을 떠날 것이라고 말한다. 세 명의 부랑 노동자가 고향에 뿌리를 내리지 못하고 또다시 정처 없는 길을 떠날 것임을 암시하고 있다. 결국, 세 사람은 원점 회귀하여 또다시 길을 떠난다. 또다른 어떤 길에서 그들 스스로가 어떤 용화세상을 만들지는 아무도 모른다.

황석영은 「삼포 가는 길」에서 민중이 서로 기대고 버티며 서로 나누는 사람 사는 아름다움을 형상화하였는데, 이를 돋보이게 만드는 또다른 미학은 작가의 탁월한 서경 묘사에서 비롯된다.

1. 새벽의 겨울 바람이 매섭게 불어왔다. 밝아 오는 아침 햇볕 아래 헐벗은 들판이 드러났고, 곳곳에 얼어붙은 시냇물이나 웅덩이가 반사되어 빛을 냈다. 바람 소리가 먼 데서부터 몰아쳐서 그가 섰는 창공을 베면서 지나갔다. 가지만 남은 나무들이 수십여 그루씩 들판가에서 바람에 흔들렸다.

2. 해가 떠서 음지와 양지의 구분이 생기자 언덕의 그림자나 숲의 그늘로 가려진 곳에서는 언 흙의 부서지는 버석이는 소리가 들렸으나 해가 내리쪼인 곳은 녹기 시작하여 붉은 흙이 질척해 보였다. 다가오는 사람이 숲그늘을 벗어났는데 신발 끝에 벌겋게 붙어 올라온 진흙 뭉치가 걸을 때마다 뒤로 몇 점씩 흩어지고 있었다.

3. 차도 양쪽에 대빗자루를 거꾸로 박아 놓은 듯한 앙상한 포플러들이 줄을 지어 섰는 게 보였다.

4. 길이 내리막이 되면서 강변을 따라서 먼산을 돌아나간 모양이 아득하게 보였다. 인가가 좀처럼 보이지 않는 황량한 들판이었다. 마른 갈대밭이 헝클어진 채 휘청대고 있었고 강 건너 곳곳에 모래바람이 일어나는 게 보였다.

5. 산등성이로 올라서자 아래쪽에 작은 마을의 집들이 점점이 흩어져 있는 게 한눈에 들어왔다. 가물거리는 지붕 위로 간신히 알아볼 만한 연기가 엷게 퍼져 흐르고 있었다. 교회의 종탑도 보였고 학교 운동장도 보였다. 기다란 철책과 철조망이 연이어져 마을 위의 온 들판을 둘러싸고 있는 것도 보였다. 군대의 주둔지인 듯했는데, 마을은 마치 그 철책의 끝에 간신히

매어 달려 있는 것 같았다.

6. 해가 낮은 구름 속에 들어가 있어서 주위는 누런 색안경을 통해서 내다본 것처럼 뿌옇게 보였다. 바람이 읍내의 신작로 한복판에서 회오리 기둥을 곤두세우고 있었다. 그들은 고개를 처박고 신작로를 따라서 올라갔다. 영달이가 담배 한 갑을 샀다. 들판을 스치고 지나가는 바람 소리가 날카롭게 들려왔다.

그들이 마을 외곽의 작은 다리를 건널 적에 성긴 눈발이 날리기 시작하더니 허공에 차츰 흰색이 빡빡해졌다. 한 스무 채 남짓한 작은 마을을 지날 때쯤 해서는 큰 눈송이를 이룬 함박눈이 펑펑 쏟아져 내려왔다. 눈이 찰지어서 걷기에는 그리 불편하지 않았고 눈보라도 포근한 듯이 느껴졌다. 그들의 모자나 머리카락과 눈썹에 내려앉은 눈 때문에 두 사람은 갑자기 노인으로 변해 버렸다.

위에 따온 서경 묘사 부분이 어디가 어째서 아름다운지를 새삼스럽게 설명하지는 않겠다. 그러나 위와 같은 문장들은 작가의 손재간이나 잔재주 수준에 머물러서는 거둘 수 없는 미학적 효과를 지니고 있다. 작가는 우선, 문장을 아름답게 잘 써 보겠다는 강박관념에서 해방되어 있다. 유연하지만 때로는 거칠게, 짧고 긴장된 호흡이지만, 장엄한 힘과 여유를 가지고 있다. 물론 이러한 서경 묘사가 서경 묘사로 끝나서는 안 된다. 서경 묘사란 소설 진행을 풀어 주기도 하고 때로는 조이며

인물의 생동감을 돋보이게 만들면서, 귀신이나 도깨비 그림이
아니라, 닭이나 소 그림처럼 정확하고 섬세하여야 한다. 황석
영의 문체는 거칠고 때로는 무지막지한 데가 있지만, 위에서
지적한 바와 같이, 산문이 지녀야 할 여러 가지 미덕을 아울러
머금고 있다.

# 4. 역사적 맞서 버팀과 서로 나눔

## (1) 사회변혁과 역성혁명의 길찾기

『장길산』은 1974년 7월 11일부터 1984년 7월 5일에 이르기까지 〈한국일보〉에 연재된 대하소설로, 해방 후 남한에서 창작된 작품 가운데서 탁월한 역사소설로 평가받고 있다.[10] 흔히

10) 황광수, 「삶과 역사적 진실성—『장길산』론」, 『한국문단의 현 단계』(창작과비평사, 1982년).

　김병익, 「역사와 민중적 상상력—황석영의 『장길산』」, 『예술과비평』(1984년 여름호).

　김영호, 「민주의지의 역사적 확인—황석영의 『장길산』을 어떻게 볼 것인가」, 『외국문학』(1984년 겨울호).

　권순긍, 「이야기로서의 회복과 『장길산』」, 『문학의 시대』(풀빛, 1986년 제3호).

　이동하, 「『장길산』의 의적 모티브」, 『문학과 비평』(1987년 여름호).

　강영주, 「역사소설의 리얼리즘과 민중성—『장길산』론」, 『한국 역사소설의 재인식』(창작과비평사, 1991년).

『장길산』은 1970 · 1980년대 군사독재정권 아래서 요원의 불길처럼 타올랐던 민주 · 민족혁명시대에 사회변혁과 역성혁명을 주도한 작품이라고 말하거니와 실제로도 장길산을 비롯한 천민 두령들은 의적으로서 활인과 활빈을 실천하면서 봉건왕조국가를 타도하고 민중이 미륵이 되는 민중국가의 건설을 주창하고 있다.

그렇다면 과연 『장길산』이 사회변혁과 역성혁명의 전망을 제대로 제시하면서, 광대 · 노비 · 승려 · 무당 · 백정 · 사공 · 창기 등으로 대표되는 천민들이 스스로의 자각과 각성을 통해 계급을 인식하고, 또다른 민중인 농민 · 상인 · 공장이와 어깨를 견고 민중혁명의 주체로 일어서는 과정과 실체를 제대로 형상화한 것인가.

우선, 작가의 창작의도를 살펴보기로 한다.


1. 나는 이른바 '역사소설'을 쓰려 한다. 소재 빈곤과 현실 도피의 수단으로 선택되는 '야담'이 아니라 '한 시대가 다른 시대 속에서 주목할 가치가 있다고 생각한 일들에 관한 기록'에의 도전으로서 우리 시대를 상징화하고 싶다.[11]


2. 이조 후기를 바라보는 민중의 한 사람으로, 민중운동사를 새겨 보는 의미에서 깨달은 점이 많습니다. 역사의 실제 자료

11) 황석영, 「작가의 말」, 〈한국일보〉(1974년 6월 30일).

를 새로운 눈으로 평가해야 한다는 것이죠. 역사의 사실을 기술한 사람이 그 사회에 어떠한 위치에 있는가가 역사관을 푸는 열쇠입니다.『왕조실록』,『승정원일기』,『비변사등록』 등은 전부 지배층을 중심으로 쓴 자료가 아닙니까. 정치권에서 소외된 민중을 주체로 민중의 눈에서 소설을 써 나가고 있습니다. 저는 역사의 기술자가 '우매하다'고 썼다면 '어질다'고 보는 반면적 고찰이 역사에 필요하다고 봅니다. 이조 후기의 민란·난동·소요 등을 진압하는 입장과 반항하는 입장 중 저는 후자의 편에 서 있습니다.『장길산』은 요즘 활발해진 민중운동사 연구와 함께 노비문서·호적문서·토지대장, 민요나 민담 재해석 등에 의해 새로 태어난 인물이라고도 할 수 있지요.[12]

3. 분단된 나라의 과도적 시대의 작가로서 나는 70년대에 비롯되었던 민중이라는 개념의 실체를 찾아서, 자생적인 근대화의 원류(源流)에 닿을 것을 바라면서 민중사라는 장강(長江)의 상류로 거슬러 올라갔던 셈이다.[13]

위와 같은 황석영의 말을 요약하면, 첫째『장길산』이 야담이 아닌 역사소설이라는 것, 즉 한 시대가 다른 시대 속에서 주목할 가치가 있는 상징이라는 것이다. 그것은 둘째로 작가의 세

12) 황석영,「작가와 함께 분석해 본다―소설『장길산』의 매력」, 〈한국일보〉(1977년 1월 12일).
13) 황석영,「『장길산』과의 10년」, 〈한국일보〉(1984년 7월 6일).

계관 문제인데, 황석영은 민란이나 소요를 진압하는 입장이
아닌 반항하는 입장에 서 있다는 것, 즉 민중을 주체로, '민중
의 눈'으로 본 세계를 소설로 썼다는 것이다. 여기서 작가의
세계관은 황석영이 말하는 구성의 개념인데, 구성이란 조화의
열쇠이며, 작가의 사물을 보는 눈이며, 관점을 이름이다.[14]
셋째로 분단시대라는 시대정신을 소명으로 삼는 작가는 민중
의 실체를 찾아서 근대화의 원류와 민중사의 장강의 상류로
거슬러 올라가려 했다는 것이다. 여기서 근대화의 원류나 민
중사의 원천이란, 70년대 민중·민족적 변혁을 말한다는 것은
두말할 필요가 없다.

　이러한 창작의도에 따라 황석영은 10년 동안 소설의 줄거리
와 구성에 대한 강박관념에 시달리면서 보이지 않는 연옥을
바장이었다. 결국 그의 소설양식이란 현실주의적 내용을 제3
세계적 형식에 담는 것이었다. 여기서 현실주의적 내용이란
1970년대 리얼리즘을 말하며, 제3세계적 형식이란 민족주의적
양식을 말한다. 세계적인 보편성이 아니라 한국적인 보편성이
다.

　황석영은 1970년대 한국적 리얼리즘을 민중·민족주의적 양
식인 마당극이나 판소리 형식으로 소설을 양식화한 것이다.
또 현실주의적 내용이란 황석영에게 있어서 일종의 산문정신
을 말하는데, 황석영은 산문이 일상 속에서의 싸움 끝에 얻어

----

14) 황석영, 『아들을 위하여』, 82~83쪽.

지는 것이며, 작가가 사는 만큼 나오게 되어 있어 누구도 속일 수 없는 것이라고 말한다.

그렇다면 작가가 대하소설 『장길산』을 통하여 보여 주고자한 사회변혁과 역성혁명의 주체는 무엇일까. 비교적 작가의 세계관이 투명하게 반영되었으리라고 믿어지는 김기·오계준·장길산 등이 그 당대에 일어났던 변혁운동에 대하여 어떤 비판과 평가를 하였는지 살펴보자.

강선홍은 달마산과 백운산이 천험의 요새라는 사실만을 믿고 관군에 대해 경계를 소홀히 하다가, 고만이와 천불사 주지의 밀고에 의해 관군이 첫봉의 산채를 무너뜨리고 뒤이어 강선홍의 산채를 공격하자, 마감동과 오만석의 도움으로 겨우 목숨만 건져 도망치고 만다. 이 일에 대해 김기는 달마산이 천험의 요새이기는 하나 안으로 배신자가 나왔고, 밖으로 민심을 얻는 일을 돌아보지 않은 탓으로 관군의 동정을 몰랐기 때문이라고 말한다.

이러한 사실에 미루어 김기는 구월산이 사방이 적이며 팔도의 관군에 둘러싸여 있으나, 녹림당이 백성의 마음을 산다면 산 속에 앉아서도 관군의 움직임을 소상히 알 수가 있고, 이쪽은 감추어져 있고 저들은 드러나 있으니, 엎드린 승냥이가 양떼를 덮치는 것과도 같아, 여기가 천험의 요새라고 말한다. 또 김기는 일단 거병할 때엔 과감하게, 은거할 때엔 깊이 숨고, 마을마다 심복을 두고 하리들 중에 내통자를 얻어야 하며, 산채를 굳게 지킬 필요도 없고 산중에만 머물 필요도 없으니, 식솔들도 차차 여염마을에 스며들어 살게 하자고 한다.

이러한 김기의 주장은 인민은 물이요 전사는 물고기라는 유격전 이론에 근거를 둔 것이다. 활빈당이 산채를 지키고 활빈행을 지속하기 위해서는 안을 굳게 단속하고, 그들 주변의 백성들로부터 민심을 얻어야 한다는 사실은 기초적이고 가장 확실한 전법이기도 하다. 작가가 공들여 묘사한 바와 같이 구월산 산채는 천험의 요새일 뿐만 아니라, 구월산으로 들어가는 입구에는 무당들이 사는 사선골과 구월산 가족과 광대들이 사는 탑고개 마을이 있다. 더구나 구월산 두령과 녹림당이 진을 치고 있는 된목이골 바로 입구에는 풍열과 옥여가 기거하는 월정사가 있다. 즉 구월산 산채는 우호세력으로 둘러싸여 있는 셈이다.

그러나 이러한 김기의 주장은 관군이 구월산을 토포하는 과정에서 여지없이 무너지고 만다. 한밤중에 출발한 관군은 수렛고개의 촉수를 잘라 내고, 미명에는 사선골에 불을 지르고 양민을 학살한 다음, 얼어붙은 산도랑을 타고 내려가 탑고개를 습격한다. 토포장 만호 최형기는 풍열과의 협상 끝에 월정사와 절 아래 유민은 손대지 않는 대신, 젊은 승려를 길라잡이로 삼아 된목이골을 습격한다.

이렇게 구월산 토포 장면에서 드러나는 바와 같이 김기의 주장은 여지없이 무너져 내렸을 뿐만 아니라, 장길산에게 활빈행을 가르친 사실상 스승 격인 풍열은 자신의 절을 지키기 위하여 된목이골을 미끼로 적군에 던져 준다. 그러나 풍열은 중생에 대한 배신행위에 대해 자책하기는커녕, 오히려 역모를 주도하는 오진암 입국회의를 주재한다. 그러니까 『장길산』은 일관된 사회변혁과 역성혁명을 형상화한 리얼리즘 소설이라기보다는 중생의 삶을 일정하게 반영하였다는 의미에서 현실주의 문학이라고 할 수 있다.

　장길산이 가장 신임하는 장자방인 김기의 변덕스러운 주장은 여기서 끝나지 않는다. 오진암 입국회의에 참석하였던 김기는 토포당한 된목이골을 돌아보고 나서, 된목이골을 '물독에 든 고기' 또는 '하늘에 뜬 외기러기'의 형세라고 지적하였다. 된목이골은 안에서 언뜻 보면 천험의 요새로 보이나, 한번 관군에 둘러싸이면 수가 적은 녹림당으로서는 수성하기가 힘들다고 하였다. 그러므로 자기를 드러내지 않고 여염에 녹아 들어가 있다가 때가 되면 무리를 이루고 불리하면 흩어져 숨으며, 빨리 치고 빨리 달아나며, 여러 대로 나뉘어 같은 목적의 일을 행하고 그 모두를 같은 부류로 널리 알리면, 쉽사리 토포당하거나 근거를 알리지 않게 될 것이라 하였다. 말하자면, 치고 뛰는 유격전법을 강조한 것이다.

　그러나 김기가 주동이 되어 잡았으리라고 추측되는 장길산의 세 번째 산채인 초천 마을은 입구가 주머니처럼 움푹 팬 20여 리의 골짜기였다. 산줄기가 합쳐진 초천 마을은 골짜기의 모가지나 다름없었다. 숨통을 꽉 죈다면 숨을 쉴 수 없는 형세였다. '물독에 든 고기' 형세인 된목이골이나 '움푹 패인 주머니' 형세인 초천 마을이나 별반 다름이 없다. 토포장 최형기가

이 곳에 두 겹, 세 겹으로 그물을 치고 초천 마을을 습격하게
되자, 가족을 이끌고 피신하던 김기와 강말득은 토포군의 총
포에 맞아 사살되고, 가족은 생포되어 관군에 압송된다.

말하자면, 김기는 천 번 뛰고 만 번 나는 변화무쌍한 진법을
구사한 것이 아니라, 이리 뛰고 저리 몰리는 편법을 구사한 셈
이다. 또 김기는 한 번 실수를 반복해서는 안 된다는 유가의
가르침도 어기고 말았다.

이제 『장길산』에 등장하는 주동적 인물들이 과연 사회변혁
과 역성혁명의 주체인지, 아니면 이해득실에 밝은 현실적인
인물들인지 검토해 보기로 한다.

오자의 말대로 군의 가장 큰 재앙은 혼란이다. 결단을 내렸
으면 강행해야 한다. 혼란한 가운데 전쟁을 해서는 안 된다.
그러나 『장길산』의 주동적 인물인 장길산·김기·이갑송·오
계준 등은 결단을 강행하는 인물이라기보다는 혼란을 핑계로
역모에서 발을 빼는 인물로 형상화되어 있다.

여환이 거사기일을 18일로 앞당기고 다시 통문을 돌리자, 15
일에 통문을 받은 해서 신천의 오계준은 통문을 구겨 쥔 채
"이 중놈이 모든 일을 망치는구나."라고 질책하면서, 거병에
는 날짜가 중요한데 이토록 촉박하게 바꾸었으니 이번 일은
반드시 실패할 것이라고 단언한다. 그래서 그는 뒤늦게 손을
쓰는 것보다는 차라리 내가 먼저 피해 버리는 것이 다른 사람
들을 살리는 길이라고 한다.

물론 거사에서 정해진 날짜를 지키는 것이 무엇보다도 중요

한 일이긴 하지만, 때로는 시기를 적절히 변통하는 것도 긴요한 일이다. 문제는 거사기일을 촉박하게 앞당겼다는 데 있다. 그러나 무계 계주 오계준이 다른 사람을 살린다는 핑계로 자신의 목숨을 건지려 한 것은 아닌지 의심스럽다.

장길산이 통문을 받은 것은 16일인데, 이를 본 김기는 다음과 같이 말한다.

"이번 일은 실패입니다. 불가이진전(不可以進戰) 불화어전(不和於戰)이란 오자(吳子)의 글이 있거늘, 거병의 약속 날짜에 큰 혼란이 오게 되었으니 미리 상대방에게 기미를 알려 준 것이나 다름없습니다. 원래가 역성혁명이란 강대하고 기틀을 굳게 쥐고 있는 한 나라의 주권을 권모로 전격 급습하여 뒤바꾸는 일입니다. 마치 그림자처럼 캄캄한 그릇 속에 스스로 숨어서 해야만 합니다. 통문의 내용으로 보아 급히 서두르는 이유가 양주 인근 백성들의 동요 때문인 것 같은데, 일단 수수방관했어야 합니다. 오히려 민심이 가라앉을 때까지 기다렸어야 합니다. 우왕좌왕 틈을 엿보는 자들까지도 내 편을 만들어야 하는데, 이는 그들이 모두 관가에 붙어 버릴 빌미를 주고 만 것입니다. 우리가 거병 일자를 맞추어 당도하기 전에 이미 관의 기찰이 시작될 것입니다. 불은 붙었으나 작은 불입니다. 맞불을 놓든지 발로 밟아 은밀히 꺼 버리는 수밖에 도리가 없습니다."[15]

위와 같은 김기의 말은 장길산 일파가 여환이 주동이 된 역성혁명에서 발을 빼기 위한 갖가지 변명으로 가득 차 있다. 결단을 내려 역성혁명을 강행할 의사는 조금도 없고, 혼란을 핑계로 빠져나갈 구멍을 찾기에 급급하다.

김기의 권유로 장길산이 강선홍과 강말득을 대동하고 시늉만으로 역성혁명에 참가하는 척 대성 법주를 찾아갔을 때, 그는 김기의 말에 공조하여, 풍열의 전갈을 핑계로 다음 일을 위해 동요하지 않기로 하였다고 말한다.

대성 법주는 전성달이 승군의 동원을 부탁하자 승병을 모으려면 닷새나 걸려서 안 된다고 거절하면서, 기찰까지 염려한다. 월말 역성혁명에 참가하기로 된 승병이 거사 장소로 이동은커녕 아직 동원도 되지 않았다는 사실은 그가 본질적으로 역성혁명에 참여할 의사가 없다는 또다른 표현에 불과하다.

또 장길산은 관군의 침학을 염려하면서, 전성달에게 감옥에 함께 들어가 여환이나 황 거사를 깨우쳐 주라고 말한다. 즉 풍열이 구월산 녹림당을 관군에게 미끼로 던져 준 것처럼, 장길산 역시 그의 스승을 따라 전성달을 관군에게 던져 준 것이다.

장길산 무리는 썩어빠진 나라를 엎어 백성을 구한다는 활빈당 무리라기보다는 자신들이 처한 계급적 이익을 위해 명분론을 주장하는 현실주의적 인물들이다.

이렇게 무계와 승병과 장길산 일파가 여환의 미륵당을 중심

---

15) 황석영, 『장길산』 제9권(창작과비평사, 1995), 403쪽.

으로 검계 · 살주계 등이 되어 거행하려던 역모에서 발을 뺀 결과는 어떠하였던가. 계화 · 시금 등 미륵도는 관군에게 잡히고, 시금은 여환과 원향이 있음직한 굿터를 실토하여, 여환 · 원향 · 김돌손 · 계화 · 정원태 등 수죄인은 참수, 나머지는 장백도에 삼천리 유배를 당한다.

18일에는 삭녕 좌수 윤여형의 발고가 있었는데, 이는 작가가 여환당의 역모가 실패할 것을 전제로 짠 복선인 듯하다. 그러니까 여환당의 역모는 장길산 일파의 불참으로 실패하게 되어 있었고, 설령 그들이 동참하였다고 하더라도, 삭녕 좌수의 발고로 실패하도록 예정되어 있었던 것이다. 이렇게 실패하고야 말 역성혁명을 위하여 작가는 왜 그토록 집요한 관심을 보였는지는 불분명하다.

문제는 역성혁명의 성공이냐 실패냐가 아니라, 역성혁명에 동참하려는 민중들의 동참 의지를 바라보는 작가의 세계관이다. 여환 일파의 역모가 실패한 뒤, 장길산은 파주 문산포 이경순의 여각을 찾아가 미륵도 일파를 다음과 같이 비난하고 있다.


"대저 이런 일에 과욕은 금물이올시다. 나도 대성 법주에게서 들어 알았으나, 신서라든가 천변대우의 낭자한 유언은 너무 지나쳤지요. 그런 방법으로 동원이 이루어진다 하여도 백성을 속여서는 오래 못 갑니다. 차라리 양주목을 들이치고 양곡 나누어 먹는 일부터 시작했더라면 기찰은 빨리 시작되겠지만 널리 호응을 받을 수 있었을 겝니다."[16]

물론 아지프로는 도덕적이어서 대중의 신뢰감을 확보해야 한다. 그러나 아지프로가 성공을 거두려면, 때와 장소, 대중의 의식 수준 등이 감안되어야 한다. 여환 일파의 아지프로가 이러한 원칙을 제대로 준수하였는지는 알 수 없으나, 장길산이 여환 일파를 데마고그 수준으로 비난하는 데는 자신이 거사에 동참하지 못하였던 부끄러움을 가리려는 또다른 기제로 보인다. 사실, 거사의 성공 여부는 전투 경험이 풍부하고, 기마병까지 갖춘 장길산 일파와 대성 법주의 승병의 동참 여부에 달려 있었는데도 불구하고, 장길산이 이러한 비난을 하는 것은 자기 합리화라고밖에 볼 수 없다.

그러나 이러한 황석영의 세계관을 탓할 필요는 없다. 리얼리즘 소설에 등장하는 완벽한 긍정적 인물이야말로 지나치게 과장되어 현실을 왜곡하고 있는지도 모르기 때문이다.

그렇다면 리얼리즘의 세계관이 아닌, 현실주의적인 세계관을 통한 사회변혁과 역성혁명의 길찾기는 어떻게 이루어지는 것일까.

오진암 입국회의에 참석하였던 승려 도안과 풍열은 제법 의미 있는 제안을 하고 있다. 즉 도안은 비록 이번 거사를 일으켰다가 몇몇이 잡혀 역률로 죽는다 하여도, 그만큼 백성들 사

<hr>

16) 황석영, 『장길산』 제9권, 120쪽.

이에는 씨를 뿌려 놓는 셈이 된다고 하였다. 또 풍열은 이번 거사는 철벽의 틈을 뚫고 나가는 첫 번째 파도라고 전제하면서, 일단 흐름이 생기면 뒤를 이은 다른 물결이 끊임없이 일어나 몰아치게 될 것이고, 드디어는 철벽이 무너질 것이라고 하였다.

좋은 말이다. 조준을 정확히 맞추지는 못할지라도 주변을 이리저리 쏘다 보면 조준을 정확히 맞춘 효과를 낼지도 모른다. 때로는 버리고 때로는 취하면서, 때로는 밀리고 때로는 나아가면서, 황석영의 사회변혁과 역성혁명은 비록, 혁명적은 아닐지라도 낙관적인 현실주의적 길찾기로 진행될 터이다.

이러한 황석영의 현실주의적 길찾기를 살펴보기 위하여, 4부작 10권으로 구성된 『장길산』을 모두 45개의 화소로 분류하고, 처음과 끝에 서사와 결사를 덧붙였다.

제1부 '광대' 편에 해당하는 화소는 1에서 15까지이고, 제2부 '군도' 편에 해당하는 화소는 16에서 29까지이며, 제3부 '잠행' 편에 해당하는 화소는 30에서 37까지이고, 제4부 '역모' 편에 해당하는 화소는 38에서 45까지이다. 이를 다시 '역사적 맞서 버팀'과 '서로 나눔'이라는 리얼리즘의 세부 실천 미학을 검토하기 위하여, 각 화소를 계급성(▲)·민중성(●)·역사성(■)으로 갈라 놓았다. 이러한 '화소 분류표'는 지나치게 획일적이어서 작품을 보는 눈을 흐릴 염려가 있기 때문에, 작품 전체를 한눈으로 보기 위한 조견표 정도로 보아야 할 것이다.

# 『장길산』 화소 분류표

| 번호 | 화 소 | 미 학 |
| --- | --- | --- |
| 서사 | 황해도 예성강 장산곶에 사는 매를 관리가 잡으려 하자 마을 사람들이 당집에 숨겨 두었다가 관리가 돌아간 뒤에 오른발에 붉은 색실로 매듭을 지어 주었는데, 매가 수리와 싸워 이긴 후 당솔나무 가지에 내려앉자 매듭이 나뭇가지에 걸려, 구렁이를 물리친 후 죽고 만다. | ▲ 관리가 마을 사람들에게 매를 잡아오라고 한다.<br>● 장산곶 사람들은 매가 자신들의 것이라는 욕심이 빚어 낸 무명으로 인해 매를 죽이고 만다. |
| 1 | 황해도 예성강 벽란나루에서 문화 광대패가 나루를 건너려 하는데, 만삭인 여비가 구원을 청하므로, 추노를 피하여 수광대 장충이 변복시켜 강을 건너고, 물레방앗간에서 사내아이를 분만한 여비가 죽자 길가에 돌무덤을 만들어 준다. | ▲ 기찰포교와 겸인이 여비를 추노한다.<br>● 사당패였던 어미가 밭고랑에서 난 장충은 손돌 노인의 주관으로 여비의 아기를 받아 탯줄을 이빨로 끊고, 털바자에 싸 가지고 아비를 찾아 주려 하나 찾지 못하자 마침내 자신의 아들로 거두게 된다. |
| 2 | 장보러 갔던 큰돌이 맞고 돌아오자 장길산과 이갑송이 관가와 짜고 재가를 열어 매점매석을 일삼는 신복동 패거리의 행수와 물주를 혼내 주는데, 이를 알게 | ▲ 신복동 패거리의 행수는 아전과 짜고 난장을 트고, 군수는 부호와 결탁하여 재물을 후려낸다.<br>●■ 장길산과 이갑송은 장꾼에 |

| | | |
|---|---|---|
| | 된 송상 행수 박대근이 장길산에게 광대 물주를 제안한다. | 게 행패를 부린 간상배를 징치하여, 장꾼들에게 빼앗은 물건은 돌려주고 싸게 산 물건에 대해서는 두 푼씩 배상하게 한다. |
| 3 | 문화 광대 총대 손돌 노인은 흉년에 색주가에 팔려가 창기가 되었던 묘옥을 구해 주고, 장길산은 손돌 노인에게 광대 물주 승낙을 받으러 갔다가 묘옥을 만나게 된다. | ▲ 묘옥 어머니의 미색에 반한 양장교는 묘옥 아버지가 수적과 내통하였다고 거짓 밀고한 다음, 묘옥의 집안을 파멸시킨다.<br>● 종창에 걸려 버려진 묘옥을 손돌 노인이 구해 주자, 묘옥은 손돌 노인에게 종이 되어 삼 년 동안 은혜를 갚고, 병든 아비를 버리고 간부와 도망친 어머니에게는 복수를 할 결심을 한다. |
| 4 | 장길산, 이갑송, 박대근 등은 구월산 화적 두령 노가를 처단하고 마감동을 두령으로 삼은 뒤, 구월산 된목이골에서 형제의 의를 맺고 하룻밤 논 뒤 헤어진다. | ▲●■ 한양 교리 댁에서 큰아들의 방자 노릇을 하며 글을 배운 마감동은 큰아들이 그의 처 향분을 범하자, 상하와 주종의 의리관계가 인간의 법도라는 종래의 생각이 얼마나 덧없는 것인가를 깨닫고, 낫으로 큰아들을 찔러 죽인 후 한양을 탈출하여 녹림당이 된다. 마감동이 세상 모두가 도둑놈인데, 가진 자의 재물을 조금 훔쳐 굶주림을 면하는 우리가 무슨 도적이냐라 |

| | | |
|---|---|---|
| | | 고 말하자, 박대근은 백성을 돕는 녹림당이 되어 나라를 들어먹는 큰도적을 쳐야 한다고 깨우친다. |
| 5 | 출행 계회날, 큰잿말과 작은잿말의 광대가 모여 제사를 지내고, 그 날 장길산이 묘옥과 첫날밤 연을 맺은 후 다시 작은잿말로 묘옥을 만나러 갔을 때, 손돌 노인으로부터 출생의 비밀을 듣고 묘옥의 가슴에 연비를 한 뒤 출행에 나선다. | ▲● 장충이 관이란 아주 허수룩하고 연약한 듯하지만 의외로 강대하니 바늘을 들고 황소를 찌르려 하지 말라고 하자, 장길산은 황소를 잡으려면 망치를 만들어야 하고 범을 잡으려면 함정을 파야 한다고 대답한다. |
| 6 | 해주에서 관가와 결탁한 신복동은 모략으로 선상 임유학을 파산시키고, 우대용은 함정에 빠져 살인죄로 투옥된다. | ▲ 양주 통인을 거쳐 공주 아전으로 축재를 한 신복동은 해주에 여각과 색주가를 내어 간상배로 활동하던 중, 주상을 낼 목적으로 관가와 결탁하여 임유학을 모략으로 파산시킨다. |
| 7 | 박대근이 신복동 패거리에게 분풀이를 당하자 장길산과 이갑송이 신복동을 잡아 곤장 30도를 때리고 달아나나, 장길산은 관군에 포위되어 막개와 갈대밭에서 하룻밤을 싸우다 잡혀 처형의 위기에 처한다. | ▲■ 박대근은 신복동에게 지방 장시를 횡행하며 가난한 백성의 산물을 위협으로 침탈하였고, 썩은 관리와 결탁하여 영세 행상들의 판로를 막고 혼자 저자를 독점하였으며, 폭리로 혼자의 이윤만을 도모한 나머지 가난한 자는 더욱 가난하게 만들 |

| | | |
|---|---|---|
| | | 었고, 탐욕스런 부자와 상행위에 결탁하여 더욱 재화를 늘렸으며, 재물을 여럿 사이에서 도적질하듯 빼앗아 권세를 사고팔며, 관에는 야비한 아첨으로 뇌물을 바쳐 국세를 좀먹었고, 관리를 타락시켜 백성에게는 혹독하고 선행에는 침을 뱉은 간상배의 죄가 크다고 문책한다. |
| 8 | 장길산은 옥사에서 죄수들을 돌보고, 망나니로 전락해 있는 우대용과 만난다. | ● 감옥에 갇힌 장길산은 박대근이 넣어 주는 사식을 굶주린 죄수들에게 나누어 주고 병든 죄수들을 간병하며, 힘은 지혜에 미치지 못하고 지혜는 덕에 미치지 못한다는 사실을 각성한다. |
| 9 | 장길산이 죽은 줄 아는 묘옥은 집을 떠나 위기에 처하나, 강선홍과 승려 여환의 도움으로 살아나 고달근네 사당패에 끼어 남쪽으로 가고, 묘옥을 떠나보낸 손돌 노인은 마지막으로 탈춤을 춘 뒤, 불길에 몸을 던진다. | ● 광대 손돌 노인은 묘옥에 대한 연정을 마지막 춤으로 승화시킨 후, 불길에 몸을 던져 육신을 사른다. 소금장수 강선홍과 승려 여환은 위기에 처한 묘옥을 구해 주고, 여환은 묘옥에게 병든 아이를 간호하는 일처럼 인생을 살라고 말한다. |
| 10 | 송상 배 대인의 막내딸 귀례는 이재 솜씨를 발휘하여 번 돈으로 이천 아주머니를 돕고, 박대 | ● 배 대인은 약재 매점매석으로 이재를 한 귀례에게, 속임수를 써서 신용을 잃었으며, 백성들 |

| | | |
|---|---|---|
| | 근은 학선과 길산의 탈옥을 모의하며, 이갑송은 양반 자제를 혼내 준 연유로 포졸에게 쫓겨 구월산으로 들어간다. | 이 흔히 쓰는 약재를 매점매석하여 못사는 백성을 괴롭혔고, 또 귀례의 취재는 상도를 타락시켜 시장을 마비시킬 우려가 있다고 나무란다. |
| 11 | 이갑송은 주막에서 봉산 선비 김기를 도와 주어 녹림당으로 끌어들이고, 마감동과 함께 장길산 부모를 탈옥시킨 다음, 구월산 월정사의 승려 풍열을 만나 가르침을 받고, 재인말 광대들은 탑고개로 이사를 한다. | ▲ 문화 현감은 지주 부가와 짜고, 이익을 취하기 위해 재인 마을의 화전을 관전과 바꿔치기하여, 상부의 지시인 것처럼 꾸며 재인 마을 사람들을 내쫓는다.<br>● 구월산 녹림당은 관아에서 빼앗은 곡식을 시장거리에 산더미처럼 쏟아 놓아 백성을 구휼하고, 승려 풍열은 이갑송과 마감동에게 탐학한 부자와 더러운 관리의 재물을 털어 가난한 백성을 활인하라고 가르친다.<br>■ 김기, 이갑송, 마감동, 오만석 등은 문화 관아를 치고, 창고의 재물 중에서 국고에 들지 않은 수령의 사재는 백성에게서 부당히 빼앗은 것이므로 찾아간다는 방을 붙인다. |
| 12 | 이갑송은 부모처자가 곤경에 처해 김기가 녹림당으로 돌아오지 못하는 사정을 듣고서는 집을 | ▲ 여 첨지는 서 선비를 동행하여, 김기의 딸과 가산을 빼앗아 간다. |

| | | |
|---|---|---|
| | 마련하여 이사를 시키고, 장연의 소금장수 강선흥과 힘겨루기를 하여 의형제를 맺는다. | ● 이갑송은 곤경에 처한 김기와 그의 가족을 구한다. |
| 13 | 박대근과 이학선의 도움으로 탈옥한 장길산과 우대용은 승려 여환을 만나 도움을 받고, 걸인 모녀를 도와 준다. | ● 탈옥을 앞둔 장길산은 감옥에서 바깥세상으로 나가면 좋은 세상을 만드는 공부를 하고, 자신이 온 세상의 감옥을 깨부셔야 할 무거운 짐을 짊어지고 있다는 것을 깨닫는다.<br>장길산과 우대용은 객사에서 만난 승려 여환과 거지 모녀에게 따뜻한 음식을 보시하고, 두 모녀에게 개털 배자를 벗어 준다. |
| 14 | 장충의 명으로 봉순이와 혼례를 올린 장길산은 이 기회를 빌려 벗들인 박대근, 우대용, 이갑송, 김기, 강선흥, 마감동, 오만석 등과 형제의 의를 맺고, 승려 풍열은 장길산에게 미륵사상에 대한 가르침을 베풀고, 운부대사를 찾아갈 것을 권한다. | ● 월정사 승려 풍열은 장길산에게 미륵사상을 가르치고, 춘궁기를 맞이한 빈민들에게 양곡을 보시한다.<br>■ 구월산에 모인 두령들은 박대근의 제안으로 결의형제를 맺고, 악이 아니라 옳은 일을 위해 싸울 것을 다짐하며, 김기는 구월산, 자비령, 멸악산 등지에 산채를 늘리고, 객주와 여각을 벌여 민심을 탐지할 것을 제안한다. |

| | | |
|---|---|---|
| 15 | 운부 대사를 찾아가는 길에 장길산은 강말득과 끝춘이의 재주를 듣고 그들이 구월산 산채로 들어가도록 권유하며, 멸악산 산채 패거리가 돈을 받고 최만상을 죽이려 하자 그들을 혼내 주고 그의 처남 정학과 힘겨루기를 한 뒤, 친분을 맺는다. | ▲ 간상배 신복동과 한 패가 된 전 역관 최만준은 멸악산 화적패와 짜고, 밀무역과 장물애비 노릇으로 취재를 하였고, 서재 최만상이 어미의 유해를 아비의 무덤 곁에 매장하려 하자, 멸악산 화적패를 부려 죽이려 한다. |
| 16 | 묘옥에 반한 이경순은 고달근네 패를 따라오다가 묘옥이 유필준에게 잡히게 되자 그녀를 구하여 여주로 도망치고, 고달근과 황회는 큰쇠 패를 미끼로 삼아 유 동지의 집을 털어 도망친다. | ▲ 동지 유치옥은 화수와 매점 매석으로 취재를 하여 경강의 여각과 강화의 객주를 경영하고 당진에 광대한 전장을 마련하였는데, 그의 차남 유필준이 아비의 세를 믿고 행패와 야료를 일삼더니, 당진에 판을 벌인 고달근네 사당패를 그의 집으로 잡아간다.<br>■ 고달근과 황회는 유 동지의 재물을 털고, 유 동지가 힘없고 가난한 농사꾼들한테 환자 받는다고 등을 치고, 작미랍시고 소출을 빼앗고, 장사에서 되질을 속이고, 쌀에는 물을 부어 근량을 속였으며, 둔별장과 짜서 역인의 수를 조정하여 남은 미곡을 헐값에 사고팔고, 춘궁에는 쌀을 매점하여 고가로 내놓아 |

| | | |
|---|---|---|
| | | 배고픈 사람의 등골을 빼먹고서 도 당진에서는 오히려 빈민을 구제하는 척하였다고 질책한다. |
| 17 | 이경순과 묘옥은 여주로 돌아오나 이경순은 이방과 형방의 모략으로 재산과 가족을 잃고 도주하고, 묘옥은 송강나루에서 도와 주었던 장쇠의 도움으로 도둑맞은 돈을 찾는다. | ▲ 형방과 이방은 농간을 부려 이경순의 재산을 독차지하고, 그의 아내마저 죽인다.<br>● 묘옥은 죽을 사 먹인 거지 장쇠의 도움으로 이경순의 부인이 준 돈을 찾는다. |
| 18 | 고달근과 황회는 천마산 복만이 아래로 들어가 좀도적질을 하고, 색주가로 놀러갔던 고달근은 이경순의 부인이 준 돈으로 송파에서 주막을 연 묘옥을 만난다. | |
| 19 | 운부 대사를 만난 장길산은 그의 괴이한 행동에 실망하여 산을 내려오나, 역병이 돈 꽃재말에서 최헌경, 정학 형제, 유학 설유징과 더불어 활인을 하고, 장길산과 설유징은 다시 운부 대사에게 돌아가 가르침을 받는다. | ▲ 고성 군수는 꽃재말 역병에 소극적으로 대처한다.<br>● 장길산과 설유징 등은 꽃재말에서 역병으로 죽어 가는 사람들을 활인한다.<br>■ 책방이 군수의 선정비를 세우자고 권유하자, 설유징은 책방의 수염을 잡고 자신이 한 일은 사람의 의리로 한 일이지 허명을 탐한 일이 아니라고 질책한다. |

| | | |
|---|---|---|
| 20 | 벌채 부역에 나간 강선홍은 내수사 노비를 친 죄로 관가에 끌려가 매를 맞고 돌아와, 심백이네 패거리에게 어머니와 아우를 잃은 허첫봉과 공모하여 백운산에 들어가 변가와 결탁한다. | ▲ 왕실의 지나친 진상품 요구로 부역에 내몰려 농사를 지을 수 없고, 내수사 노비에게 매까지 맞은 강선홍은 집을 떠날 결심을 한다.<br>● 강선홍은 눈치나 보면서 죽지 못해 살아가는 양민의 삶을 내던지기로 작정한다.<br>■ 강선홍은 소학권이나 읽은 형 인홍에게, 충효는 속임수에 불과하니 자신은 산 속에 들어가 녹림당이 되겠다고 말한다. |
| 21 | 강선홍과 허첫봉은 미인계를 써서 달마산의 수돌이네 패를 물리치고, 다시 꾀를 내어 불타산 심백이네 산채까지 점령한다. | ▲ 심백이와 법호는 타락한 천불사 주지를 협박하여, 사찰 장토관리권을 빼앗고 소작인을 착취한다.<br>● 강선홍과 허첫봉은 불타산의 심백이 패거리를 치나, 심백이와 법호는 놓치고 만다. |
| 22 | 우대용과 석범철의 부탁을 받은 홍천수는 신바꾸기로 강주인에게 천 냥을 받아 내나, 강주인의 간계로 우대용은 선주에게 매를 맞고 쫓겨나며, 홍천수는 관에 잡혀 관노비로 호송 도중 모신의 도움으로 탈출하고, 강선홍 | ▲ 경을 친 우대용은 박대근의 천거로 선주 윤춘득의 도사공이 되나, 화수가 발단이 된 송파 강상의 이권싸움에 이리저리 밀려 결국은 선주에게 매를 맞고 산 속으로 들어간다. |

| | | |
|---|---|---|
| | 을 찾아간 우대용은 재령 부호를 칠 모의를 한다. | |
| 23 | 강선홍과 우대용은 변가와 함께 관명을 사칭하여 악행을 일삼던 재령 집강 동춘만을 징치하며, 우대용과 홍천수는 이경순을 찾아가 무기 제작을 주문하고, 이경순은 무기를 제작하는 대가로 묘옥을 찾아 줄 것을 부탁하여 묘옥을 만나게 된다. | ▲ 첨사 동춘만은 해서에서 진장을 지낸 바 있어, 재령 나무리벌의 궁가의 감관을 자청하여 도장이 되고, 드디어는 집강이 되었다. 동춘만은 맨주먹으로 내려와 수만 전을 모으고 광대한 토지까지 장만하였으며, 그가 관리하는 토지는 30~40리나 되었고, 집은 아흔 칸이 넘었으며, 농우는 40여 마리가 넘었다.<br>● 강선홍과 우대용은 집강 동춘만의 부패타락을 징치하여 구속된 사람은 풀어 주고, 재물은 마을 사람들에게 나누어 준다. |
| 24 | 이갑송의 아내 도화는 외도를 하다 들키자 노모를 살해하고, 홧김에 도화를 살해한 이갑송은 풍열의 예언대로 승려가 된다. | ● 아내의 간통 현장을 목격한 이갑송은 간부는 살려 보내고 어머니를 죽인 아내를 어머니의 묘소에서 살해하지만, 아내의 체면은 살려 준다. |
| 25 | 함경도 운봉산에서 수행하던 장길산은 김선일과 서산이목에 잡혀 있던 광부들을 구하고 구월 | ▲ 잠채잡이 유복령은 맹산 현감과 결탁하여 서산이목에서 유민을 모아 강제로 잠채잡이 |

| | |
|---|---|
| 산으로 돌아와 김기가 원수를 갚도록 도와 준다. | 를 한다.<br>● 장길산은 심메마니를 깨우쳐 서산이목 광부를 구하는 일에 참여시키고, 광부들에게는 금을 나누어 주어 귀향하게 하고, 자신을 따르는 김선일 등을 데리고 구월산으로 들어간다.<br>장길산은 맹산 현감을 징벌하고 나서, 적은 수십 수백 겹으로 둘러친 담장과 같으니, 민중의 노도처럼 때리고 밀어닥칠 함성만이 눈앞의 가까운 적을 물리칠 수 있다고 각성한다.<br>■ 장길산은 서산이목 잠채를 쳐부순 다음, 광주 유복령의 목을 치고 맹산 현감을 징벌한다. 장길산과 김기는 여 첨지의 목숨은 살려 주나, 재산은 빼앗고 변절한 동접 서 좌수의 목숨은 친구들의 영전에 바친다. |
| 26<br><br>고만이와 천불사 주지의 밀고로 관군이 첫봉의 산채를 무너뜨리고 뒤이어 강선홍의 산채를 공격하자, 강선홍은 마침 그를 보기 위해 온 마감동과 오만석의 도움으로 구출되어 구월산으로 간다. | ● 강선홍은 마감동과 오만석의 도움으로 관군의 습격으로부터 목숨을 구한 뒤, 두 사람에게 자신은 천인잡배의 소생이 아니라고 은연중 자부했음을 고백한다. |

| | | |
|---|---|---|
| 27 | 청나라로 가는 사행선을 털기 위하여 우대용은 치밀한 조사와 훈련 끝에 전선을 물리치고 화물을 옮겨 실은 뒤, 청복으로 변복을 하고 수평선으로 사라진다. | ● 어려서 가출을 했거나 관에 쫓기던 수적들은 여염생활을 할 엄두를 내지 못하였는데, 우대용을 만나 비로소 혼인도 하고 정착생활을 하게 된다.<br>■ 우대용의 수적 선단은 사행선을 호위하는 호위선을 무찌르고 재물을 약탈한다. |
| 28 | 송상 박대근과 그의 처 귀례가 전라도 화순에서 온 세 모녀를 활인하자, 모녀는 박대근에게 인삼의 재배법을 알려 주고, 박대근은 언실과 최윤덕을 혼인시킨다. | ● 박대근은 세 모녀를 활인하고, 세 모녀는 박대근에게 인삼 재배법을 알려 준다.<br>김기는 민심을 얻어야만 관군의 동태를 소상히 들여다볼 수 있는 것인데, 달마산에서 강선흥이 패한 것은 안으로 배신자가 나왔고 밖으로는 민심을 얻지 못한 까닭이라고 말한다. |
| 29 | 정월에 김기·박대근·장길산·마감동·강선흥·우대용 등 구월산 두령이 모여 앞으로의 활동계획을 모의하고, 산신제를 지낸다. | ■ 장길산은 두령회의에서 구월산 녹림당이 활빈당으로 백성의 병졸이 되어 어지러운 세상을 평정하고 새로운 세상을 만들자고 선언한다. |
| 30 | 환곡 문제로 관군에 쫓겨 자비령으로 들어간 최흥복은 문점손 휘하로 들어가 그를 내쫓고, 자비령 두령이 된다. | ▲ 모래 섞인 환곡을 빌려 먹은 최흥복은 약정과 집강이 가짜 호적장부를 들고 다니면서 잡부금을 징수하자, 마을 장정들과 |

| | | |
|---|---|---|
| | 김기와 구월산 두령들은 꾀를 내어 최흥복을 휘하로 끌어들이고, 동선령에 산채를 마련한 구월산 두령들은 사냥을 한다.<br>최흥복과 강선홍은 노비로 떨어진 형수와 조카를 구하러 갔다가 과부 춘천댁과 조카만 구하여 돌아오고, 강선홍은 춘천댁과 혼인한다. | 함께 관아로 쳐들어가다 관군에 쫓겨 산에 들어간다.<br>● 투항한 최흥복에게 장길산은 "우리는 백성들이 억눌려 살지 않도록 끊임없이 잘못된 제도와 싸우고, 드디어는 백성의 세상을 세워야 할 것"이라고 한다.<br>호랑이 사냥을 나섰던 장길산은 최흥복이 새끼호랑이를 죽이려 하자 살려 주라 하고, 최흥복이 장길산의 등 뒤에서 창을 겨눈 상태로 장길산은 새끼 딸린 어미호랑이를 배웅한다. |
| 31 | 숙종 10년, 기근으로 고통받는 기민들이 사방에서 들고 일어나자, 장길산 일행은 자비령과 구월산 등지에 출몰하여, 관리와 부호를 털어 활빈행을 시작한다.<br>황해도 관찰사 이세백은 무관 김식 등 여섯 명을 구월산에 보내어 장의 수급을 베어 오라는 지시를 내리고, 수렛고개와 무더리로 침투한 그들을 맞아 마감동은 김식과 새벽까지 칼싸움을 벌여 그의 목숨을 끊고, 장교 두 명은 살려 보낸다. | ● 장길산·김기·강선홍 등은 서흥 조 동지의 곳간을 열어 빈민을 구제하고, 마감동·오만석·변가·승려 옥여 등은 구 부자의 곳간을 털어 우산포 포구마다 쌀을 부려 놓아 백성들이 나누어 먹게 하고, 갈대밭에 쌓아 둔 남은 쌀은 백성들 스스로가 관군을 물리치고 공평하게 나누어 갖는다.<br>마감동은 장교 두 명을 살려 보내며, "댁네들도 우리와 마찬가지로 수령 방백 토호들에 시달리고 천대받으며 살아온 사람들 |

| | | |
|---|---|---|
| | | 인데, 좋은 용력과 재주를 가지고 어찌 백성을 괴롭히는 자들과 살려고 하는가?"라고 타이른다. |
| 32 | 몽촌 한 판관 댁에 보쌈당한 누이 석 과부를 구하려다 한 판관을 죽인 석산진은 화초방 까마귀의 도움으로 노적사로 도망쳐 미륵사상을 접하고, 검계에 들어간다. | ▲ 빨래터에서 석분이의 미모에 홀린 일흔 고령의 한 판관은 큰아들로 하여금 사람을 사서 석 과부를 강제로 보쌈하고 범간하려 한다.<br>● 노적사 대덕 정원태는 앞으로 양반이 상사람이 되고 상사람이 양반이 되는 미륵세상이오니, 우리는 그릇된 세상을 건지고 도탄에 빠진 창생을 살려야 하며, 양반의 재물을 빼앗아 거사에 쓸 병장기와 마필을 사야 한다고 말한다.<br>검계는 백성을 괴롭히는 양반 부호들을 징치하고, 그 재물을 빼앗으며, 이제껏 겪어 온 수모를 그들에게 되돌려주고, 드디어는 진인을 찾아 상감을 바꾸고, 천민들의 나라를 세우고자 모였다고 말한다. |
| 33 | 검계와 살주계는 흥인문 밖에서 좌포장 이인하의 처가 재물과 부가옹 이지사네 재물을 터나, | ▲ 중앙의 판서와 양반들은 자신의 부귀를 위하여 붕당싸움에 여념이 없고, 양반에 빌붙은 포 |

| | | |
|---|---|---|
| | 종사관 최형기에게 덜미가 잡혀 목내선 수노 북성이는 죽고, 억기의 자백으로 모임장소가 탄로나 중흥동 싸움에서 죽거나 잡힌다. | 도청 종사관 최형기는 자신의 출세를 위하여 노비를 억압한다.<br>● 살주계 총대 중길은 이지사네 노비를 모아 놓고, 이제까지 노비는 양반들에게 마소처럼 부림받던 천예들인데, 세상이 바뀌어 앞으로 우리 세상이 오니 천하를 일으켜 세우는 데 힘을 합할 자는 따라나서라고 한다. |
| 34 | 숙수 개천은 사모하던 아씨가 죽은 일로 양반에게 행패를 부리다 살주계로 오인되어 포청에 잡혀 왔다가 석방되나, 포도 종사관 최형기의 술수에 의하여 죽게 되고, 시동은 최를 총살하려 하나 실패하며, 석 과부를 보러 갔다 돌곶이 주막으로 돌아온 석산진은 잠복 중인 최에게 체포당한다. | ● 중길 등 살주계 계원들은 장안 중심부로 들어가 방을 붙이고 격문을 뿌린다. 격문에 이르되, "너희 양반들이 몇몇 계원들을 포득하였다 하나, 우리를 모두 죽이지 못하면 종말에는 너희들의 배에다 칼을 꽂고 말 것이다. 성내의 천예와 억눌린 백성은 모두가 한편이니 서슴지 말고 일어나 상사람의 나라를 세우리라." 하였다.<br>살주계의 은신처를 제공하던 옹장이는 포청에 잡혀가 또다른 살주계의 은신처를 불라고 닦달을 당하지만 형장에서 죽어 가는 아들을 보면서 면천시켜 주지 못하니 차라리 죽는 것이 낫다고 말한다. |

| 35 | 살주계 옥사가 확대되는 것을 막기 위하여 모신은 우포장 신여철로 하여금 좌포장 이인하에게 압력을 넣어 포도 종사관 최형기를 사직시키고, 석산진으로 하여금 신속한 사형을 자청하게 하나, 석 과부는 이를 알지 못하고 석산진을 죽게 만든 뒤 자신도 목을 맨다. | ● 살주계 옥사가 확대되는 것을 막기 위하여 석산진이 입을 다문 채 죽기를 바라는 모신의 뜻이 석 과부를 통하여 전달되자, 산진은 자신을 버려 혈당들의 목숨을 구할 수 있다면 고기 값을 하겠다고 다짐하고, 자신의 죽음을 앞당기기 위하여 좌포장 이인하에게 거짓 진술을 한다. |
| 36 | 김기와 강말득은 금천 유사과네를 정탐한 뒤, 꾀를 내어 유사과를 유인하고, 마감동은 우대용과 함께 유사과의 재물을 털며, 장길산과 강선홍은 문수암의 살수를 친 뒤 금부처를 실어 내고, 조읍 포창의 세곡을 풀어 난민을 구휼한다. | ▲ 유사과는 조읍 포창에서 여각을 경영하고, 신천 재령 등지에 전장을 두었으며, 세곡 운임을 독점하여 취재를 하고, 아들 삼형제를 중심으로 민병을 조직하여 자신의 재물을 지킨다.<br>● 장길산의 녹림당은 조읍 포창을 열어 오백여 명의 난민에게 세곡을 나누어 준다.<br>■ 자비령의 장길산과 구월산의 마감동, 수적 우대용은 수륙 양면에서 관군과 유사과의 민병을 친다. |
| 37 | 장길산을 토포하라는 왕명을 받은 신엽은 황해도 관찰사로 부임하면서 토포장 최형기를 대동 | ▲ 당리당략과 착취를 일삼는 정치가 잘못되었다면 근본적으로 바른 정책을 세워야 하는데, |

하고 부임하여 토포군을 조련하는 한편, 구월산 일대에 대한 기찰을 강화하는데, 이를 미리 안 박대근과 이학선이 자비령에 알려 주나, 관군의 토포 목표가 구월산이라는 사실을 간과한 장길산은 서흥 관아를 먼저 공격한다.

밤중에 기동하여 새벽에 사선골과 탑고개에 잠입한 관군은 양민을 학살하고 민가를 약탈 방화한 다음, 월정사를 거쳐 다시 된목이골로 잠입하여 구월산 두령 오만석과 졸개들을 모조리 학살한 뒤, 마감동을 끝까지 추적하여 최형기와 마지막 칼싸움 끝에 마가 승리하나, 관군이 쏜 화살에 맞아 쓰러지고 만다.

착취와 압제의 기구는 그대로 남겨 둔 채 민관군을 총동원하여 무참히 양민을 학살·약탈·방화하고 구월산을 토포한다.

사선골에 기찰 나온 포교에게 먹을 것을 주면서 후례는 이렇게 말한다.

"우리 모녀처럼 힘도 없고 가진 것도 없는 사람들이야 무서울 게 없답니다. 관차가 더욱 무섭지요. 벼슬아치들은 하늘이 놀랄 일을 저지르고도 수염 하나 까딱 않고 오히려 호통을 치고, 그럴 듯하게 둘러대지요. 감쪽같이 양민의 고혈을 빨아먹고도 오히려 벼슬아치 해먹기가 어려운 노릇이라구 발뺌을 해대지요. 여우 같은 놈은 우리의 등을 토닥이며 골을 빼먹고, 호랑이 같은 놈은 무섭게 으르렁거리면서 혼줄을 내어 한꺼번에 깨물어 먹고, 뱀 같은 놈은 찰싹 달라붙어 갖은 아양을 다 떨어 가며 혓바닥으로 핥끔거리다가 천천히 삼켜 먹고 하는 판이니 아예 우리 대신에 그런 것들을 휩쓸어 버리는 이들이 나와야지요."

▲ 토포장 만호 최형기는 마감 동이 비도로 김식을 베었다는 말을 듣고, 때가 난세라 아까운 자들이 들판을 헤매고 있지만, 사람의 마음을 사로잡는 도적처럼 무서운 적이 없으니 그냥 둘 수 없다 하고, 또 탑고개에서 의연하게 죽는 광대 총대를 보고, 자신은 뚫어지고 금이 가기 시작한 집의 담벽을 수리하러 파견된 사람이니, 나라를 더욱 견고하게 지켜야 할 것이라고 생각한다.

● 서흥 관아를 친 장길산은 관곡을 길가에 풀어 양민을 구휼한다.

■ 최형기가 붙잡힌 수광대 장충을 장길산의 체포를 위하여 회유하자, 장충은 다음과 같이 말한다.

"길산이는 그대가 보기에는 극악한 명화적이라 하나, 인근 사방의 모든 백성들은 대의를 아는 사람이라 하오. 그가 나라를 등진 것은 나라가 버린 백성이 너무도 많기 때문이고, 백성을 괴롭히는 자들이 끊임이 없기

| | | 때문이오. 그 애가 토포를 받을 지경으로 큰 도적이 된 것은 스스로 활빈도를 행하였던 까닭이라. 그렇게 키우고자 한 아비로서 여한이 없소."<br>■ 최형기가 큰샘골에서 포위된 마감동에게 투항을 권유하자, 마는 이렇게 말한다.<br>"이미 이 나라는 근본부터 썩어서 고약한 냄새가 난다. 사민이 있다 하나 글 읽고 벼슬하거나 전장이 많고 권력 있는 자들만이 나라의 주인이요, 나머지 백성들은 낳고 살고 죽기가 금수보다도 못하다. 임진난리 때에도 병자난리 때에도 약한 백성들에게는 야차와 같이 굴던 것들이 바깥 도적들에게는 기도 못 펴고 꿈쩍도 못하면서 온 나라를 내주고 말았다. 그러고도 이제껏 조정의 귀하고 높은 자리는 저희끼리 다투어 들어앉고 내려오고 하면서, 입으로만 백성이요 실상은 대롱을 꽂아 고혈을 빠는 먹이로 여길 뿐이다." |
| 38 | 오계준의 집에 머물던 원향은 실성하여 헛소리를 한 죄로 신 | ● 양주 칠성암 승려 여환은 장형을 맞게 된 사람 대신에 볼기 |

천 관아에 갇히게 되나, 오계준이 손을 써서 풀려나 까막내로 갔다가 안 무당·오계준·김승운·계화와 함께 월정사로 들어가고, 입국회의 관계로 자비령에 모인 김기·장길산·강선홍·강말득 등은 된목이골의 참극 현장을 둘러보고 월정사로 돌아와 승려 풍열을 본다.

여환은 묘정의 전갈에 따라 금강산 수태사에서 승려 도안과 하안거를 보내고 법주의 안내에 따라 금화 암굴에서 정원태·황회·전생이 등을 만나 운부 대사와 한양을 도모하여 임금을 죽일 계책을 논의하고, 각자 임무를 부여받는다.

월정사에 온 여환은 풍열의 명에 따라 원향을 극진히 간병하여 정신을 돌아오게 하고, 오진암에 모인 자비령 장길산·김기·강선홍, 기순 여환·이경순, 서해 우대용, 해주 묘정, 송도 박대근, 금강산 대성 법주·설유징, 구월산 풍열·옥여, 신천 오계준 등 13인은 풍열의 주재로 썩은 나라를 뒤엎고 백성

를 맞아 주기도 하고, 약한 백성들 편에서 소장을 대필하여 주고, 주는 옷을 가리지 않고 받아 입고 다니다가 유민에게 나누어 입히고, 무거운 짐을 진 사람을 대신하여 짐을 지어 주고, 행려 병자를 치료하여 돌려보내고, 시체를 염습하여 묻어 주었다. 원향은 승려 여환이 목욕을 시키고 밤에는 안고 자는 등 지극한 간병으로 실성한 정신을 되찾는다.

■ 금화 암굴에 모인 중생을 향하여 운부 대사는 왕을 죽이고 한양 주변 백성의 힘을 모아 궁궐을 깨뜨리라고 말하고, 모든 승려들은 활인을 실천하라는 운부의 명에 따라 각자의 임무를 부여받는다.

오진암에 모인 13인은 썩은 나라를 뒤엎고 백성들의 새로운 나라를 세울 것과 미륵의 도솔타천을 실현할 것을 맹세하는 결맹서를 작성한다.

| | | |
|---|---|---|
| | 들의 새로운 나라를 입국할 결맹서를 작성한다.<br>안 무당이 죽자 장길산은 문화 재인말 장충 묘지에 합장한 뒤 자비령으로 돌아간다. | |
| 39 | 장쇠 할미 넋굿을 위하여 문산포 이경순의 집에서는 묘옥의 주선으로 혜음령의 영길·중길 등과 양주의 여환·계화 부부 등이 모여 굿을 하고 미륵도를 넓혀 나가며, 양주 칠성암에서는 계화와 여환이 미륵도 주문을 외게 하고 자신의 원력으로 병을 치료하는 방법을 일러 주어 용화 향도를 불려 나간다.<br>궁궐 상번병으로 들어간 시동은 정만일·오경립·이시홍·정대승·김성남 등과 친해져 검계 혈당으로 들어가고, 사선골에서 삭녕으로 이주한 전성달은 용화 향도가 된다.<br>김시동은 정원태·고달근 등과 솔부리 객점에서 검계를 모아 혈맹을 맺고, 용화 향도와 함께 장군사에 모여 한 달에 한 번 법회를 연다.<br>검계의 일원이 된 김시동은 정 | ▲ 여환은 문산포 장쇠 할미 넋굿에서 모인 사람에게 지금 세상에는 어미가 자식을 먹으며, 부모가 자식을 버리고, 가장이 식솔을 버렸으며, 시체의 옷을 다투어 벗기고, 벼슬아치들은 백성의 참상을 돌아보기는커녕 유민이다 명화적이다 하여 백성을 함부로 남형 살상하고, 조정은 패가 갈려 서로 잡아죽이고 서로 쫓아 냈고, 위로 오랑캐와 아래로 왜적의 동태가 심상치 않아 병란이 일어난다는 소문이 들끓고, 사방에서 하리와 백성들이 벌 떼같이 일어나 지방 수령과 양반을 도모하고 있다고 말한다.<br>● 여환은 같은 모임에서 말하기를, 미륵은 저 산 위 절에만 있는 것이 아니라 정화수를 떠다 놓고 비는 뒤뜰에도 있고, 저 들판에, 동구 밖에, 산모퉁이 길 |

| | | |
|---|---|---|
| | 원태와 함께 이시흥 일행과 정만일 형제들을 검계와 미륵도의 향도로 끌어들이게 된다.<br>칠성암 큰재 때에는 미륵도라는 과육을 검계라는 중핵 위에 거죽을 싼다는 격식을 갖추어 여환이 미륵도의 종사를, 만신 계화가 수보살, 그리고 황회·정원태가 대덕을 맡았고, 최영길은 혜음령 상좌를, 정호명이 양주의 상좌, 정만일이 영평의 상좌, 전성달이 삭녕 상좌 등을 맡았으며, 파주의 묘옥이 수보살이 되었다. | 가에, 엇비슷한 돌멩이에 대충 도끼로 쪼아져서 아무렇게나 있다고 말한다.<br>■ 여환의 미륵당과 김시동의 검계는 역성혁명을 위해 민중연대를 펼쳐 나간다.<br>여환이 관의 핍박으로 죽지 못해 살아가는 민중들에게 미륵도를 설파하여 용화세상에 대한 희망을 심어 준다. |
| 40 | 무계를 짠 오계준은 원향이와 맞이굿을 열고 여기에 참석한 여환·황회·전성달 등은 관재에는 공동대비를 하기로 하고, 유월이 되자 원향을 용녀 부인으로 모셔 오기 위하여 사선골로 가서 입국에 관한 모의를 하고 거사일자를 알려 주기로 한다.<br>김시동 집에 모인 정원태·황회·여환·중길·영길·시동·돌손 등은 대우기일을 7월 말로 정하고 통문을 돌린다.<br>7월 초부터 칠성암에서 여환의 | ▲ 오계준이 말한다.<br>"양반 사대부가 우리에게 가르쳐 주고 내려 준 것이 무엇이오. 약한 놈에게서 빼앗고 어리석은 자 후리고 논밭에 엎드려 거름 주는 농투성이 업신여기고, 흉황에는 멀건 죽사발이요, 외침 때에는 저희는 도망가고 우리는 산천을 지키거나 아니면 적의 천예가 되라 하오."<br>● 묘정은 거병이 실패하게 되어 많은 미륵도들이 죽게 되자 "남들을 사지에 보내고 우리는 |

| | | |
|---|---|---|
| | 지위로 거사를 진행하는 도중, 7월 12일부터 폭우가 몰려와 백성들이 대탄 대전리 벌판이 활방이라 하여 환난을 피하려고 모여들자, 여환은 거사기일을 18일로 앞당기나 오계준, 자비령 등은 이를 거부한다.<br>삭녕 좌수 윤여형의 발고로 계화·시금 등 미륵도는 관군에게 잡히고, 시금이 여환과 원향이 있음직한 굿터를 실토하여 잡힌 여환·원향·김돌손·계화·정원태 등 수죄인은 참수, 나머지는 장 백 도, 삼천 리 유배를 당한다. | 무력하게 남아 있으니…… 그것이 한가지 여한이올시다."라고 말한다. |
| 41 | 송도 임방회의에서 사행을 의논하면서 박대근은 무역별장을 다른 상단에게 주고 별로 소득이 없는 책문저자의 직임을 맡아 배 대인으로부터 불만을 사나, 박대근은 책문에서 인삼 잠상 계획을 밝힌다.<br>9월 말 송도를 떠난 박대근 상단은 도중에 이학선을 만나고, 자비령에 들러 장길산과 더불어 상로 확장 계획을 의논하고, 북행 도중 안주에서 묘향산 서용 | ■ 자비령에 들른 박대근은 당파싸움을 일삼는 조정을 비판하고, 장길산은 대동세상을 앞당겨 실현하기 위하여 명화적당을 연계하여 상고의 직제를 짜 병을 키울 계획을 세운다.<br>● 박대근이 언실의 남편 최윤덕을 행수로 삼자 감격하고 부부는 은혜를 잊지 않기로 하고 사행에 낼 찐삼을 준비한다.<br>박대근은 봉물을 돌려받은 뒤, 서용 패들에게 이렇게 말한다. |

| | | |
|---|---|---|
| | 패들에게 봉물을 빼앗기나, 자비령의 신표를 보여 주고 돌려받는다.<br>의주에 도착한 박대근 상단은 호방에게 인정전을 쓰고, 우대용과 이학선은 뱃길을 이용하여 청상과 잠상길을 트고, 신거복을 따라 압록강 상류 불암골 인삼 밀매터를 돌아본 뒤, 사행길에 나선 박대근은 책문에서 청나라 상인과 인삼을 거래하여 막대한 이득을 얻는다. | "아무리 산간에 숨어사는 녹림의 무리라 할지라도 포부와 경륜이 바르게 나가지 않으면 오래 지탱할 수 없소. 제일 무서운 것은 관군이 아니라 백성이오. 먼저 인심을 잃으면 아무리 강고한 혈당이라 하여도 반드시 패망하게 되어 있소. 장길산 두령이 조선 천지를 들끓게 하면서도 이제껏 토포되기는커녕 더욱더 강고해져서, 각 도에서부터 기구와 형제가 불어 나가고 있는 것은, 바로 그가 백성의 장수이기 때문이오." |
| 42 | 김선일과 끝춘이는 언진산 참샘에 객점을 내어 평안도와 함경도를 잇는 기점을 마련하고, 장길산은 언진산 잠채터와 곡산 수철점을 돌아보고, 양덕 비류강에서는 채금터를 찾게 한 다음 운봉산을 거쳐 묘향산에 가서 생부 승려 명근을 만난 뒤, 의주에 가서 박대근·이학선과 만나 잠상무역에 대해 논의한다.<br>북방마는 경기도, 평안도, 함경도 일대에 거미줄 같은 조직망 | ● 묘향산으로 찾아간 장길산에게 생부 명근은 자기도 보지 못하면서 무슨 역적질이냐고 질책한다.<br>■ 기사년의 장길산 혈당 연계는 경기도 박대근, 강화 홍천수, 경강 모신이, 파주 문산포 이경순, 천마산 복만이와 고달근, 혜음령 중길이, 황주에 예전 미륵도의 잔여 유민, 봉산 천동이·만동이, 묘향산 서용이, 강계 최윤덕, 회령 정대성 등으로 이루어졌다. |

| | | |
|---|---|---|
| | 을 갖추게 하고, 사주전은 횡성의 오경립·이정명·방승남 등과 고성의 대성 법주를 먹고 살게 만들었다. | |
| 43 | 철원에 객점을 낸 고달근은 장길산을 만나 혈당으로 들어가고, 철과 유기를 모아 문산포 이경순에게 사주전 제조를 부탁한다.<br>장길산 토포에 나선 최형기는 철원 고달근을 회유하여 앞장세우고, 문산포 이경순을 친다. | ● 고달근은 모신이 도성 번복과 역성혁명을 위해서는 민중뿐 아니라 중인과 선비계급의 참여가 필요하다고 역설하나, 겉으로만 이에 동의하고 사리사욕에 눈이 어두워 문산포 이경순의 객주점을 발고하여 문산포 객주점을 박살내고, 총포를 찾으러 온 천동이 일파는 관군에 잡혀 고문을 받는다. |
| 44 | 고달근을 앞세운 최형기는 원산포 이시홍의 객점을 치고, 고원 김선일을 체포하자 끝춘이는 도망을 쳐 조진포 어계방 점주에게 토포 사실을 알려 달라고 부탁한다.<br>최형기는 양덕으로 가서 현감 안신에게 협조를 부탁하고, 주막 주인을 앞장세워 초천 마을 뒷산을 포위하며, 현감 안신은 마을 입구에 잠복하나 실수로 방포하여 장길산·강선홍·최 | ● 최형기가 장길산의 처 봉순에게 그들이 다시 만날 지점을 대라고 하자, 봉순은 "내 남편이 비록 나라를 등진 도적이라 하오나 뒤집어 보면 관장 또한 백성들의 살길을 저버린 벼슬아치들의 수족이라 어찌 제 주인이 능멸을 당해야 하겠는가."라고 힐난한다.<br>강선홍이 장길산에게 체포당한 가족을 구하러 가자고 강청하자, 장길산은 "혈육과 헤어져 만 |

| | | |
|---|---|---|
| | 홍복 등의 공격을 받고, 가족을 이끌고 피신하던 김기와 강말득은 토포군의 총포에 맞아 사살되며, 가족은 생포되어 관군에 압송된다. | 나지 못하는 백성이 어찌 우리뿐이며, 다른 힘없는 이들이 겪은 대로 함께 뼈저린 세월을 견디며 살아야 한다."고 말한다. 또 길산은 잡혀 간 자식에게 "네 애비가 길에서 태어난 것과 세상으로부터 내쫓긴 까닭을 알고 아버지가 걸어간 길을 되밟아 오라."고 한다. |
| 45 | 장길산 활빈도는 사리사욕 때문에 활빈도 무리를 배신하고 장길산 등을 토포하는 데 앞장섰던 고달근의 목을 쳐 효수하며, 장길산 무리를 토포하기 위하여 운산 군수로 도임한 최형기와 장길산은 마지막 대결을 하고, 최흥복이 쏜 총탄에 맞아 최형기는 죽는다. | ▲ 기사환국 이래, 조정의 권신들은 붕당싸움을 일삼고, 노론과 소론이 각각 환국을 위하여 은을 모은다는 소문이 낭자하다.<br>황해도의 민정을 살핀 암행어사 박만정은 "보리도 떨어지고 햇곡도 나오기 전에 관수미마저 동이 나버려 백성들이 입에 풀칠할 아무것도 없다면 과연 어찌하겠는가."라고 탄식하였다.<br>● 장길산 활빈도는 운산 관가의 곡식을 털어 길에 뿌리니, 난민이 흙과 함께 곡식을 거두어 갔다.<br>■ 장길산 무리는 마식령산맥의 입암산, 낭림산맥 운봉산, 묘향산맥의 묘향산과 낭림산, 함흥 |

| | | |
|---|---|---|
| | | 의 백운산 등지에서 활빈행으로 세를 불려 나가고, 운부와 풍열을 따르는 옥여 · 대성 법주 등 중 무리는 역성혁명을 위해 승려 세력을 불려 나간다. |
| 결사 | 능주 땅 운주사에는 관군에 맞서 싸워 오던 노비들이 모여, 천불천탑을 하룻밤 사이에 세우면 수도가 이 곳으로 옮겨와 새로운 세상, 노비가 나라의 중심이 되는 세상, 즉 용화세상이 온다 하여 미륵을 만드는데, 노고를 참지 못한 한 노비가 닭이 울었다고 거짓말을 하니, 그들이 열망하던 용화세상은 무위로 돌아가고 만다. | |

## (2) 짓밟히고 빼앗기는 민중

『장길산』의 상층 착취지배구조는 상징성을 띠거나 익명성으로 드러날 뿐이다. 더구나 봉건왕조국가인 조선과 청나라의 대립갈등관계나 상호의존 협력관계는 전혀 드러나지 않는다. 겨우 붕당싸움을 일삼는 조정의 권신들이 평면적으로 다루어지거나, 살주계의 상층 배경인물로 목내선 등이 나타나고, 살주계를 토포하는 과정에서 좌포장 이인하, 우포장 신여철과 그들의 앞잡이 노릇을 하는 포도 종사관 최형기 등이 입체적으로 등장할 뿐이다. 왕을 둘러싼 정승 모리배와 권신들의 붕당싸움이 권력과 토지를 어떻게 독점하는가와 부패타락구조 속에서 자신들의 모가지를 지키기 위하여 '상납하기'와 '밑천 뽑기'가 뒤엉켜 어떻게 뇌물을 주고 매관매직을 일삼는지가 극적으로 다루어지지 않고 있다. 이러한 취약성은 신동엽의 『금강』이나 박태원의 『갑오농민전쟁』보다 상층 착취지배구조를 소홀하게 형상화함으로써, 『장길산』을 지방소설의 자리에 머무르게 할 뿐만 아니라, 사회변혁과 역성혁명의 전망도 흐려 놓고 만다.

두 차례에 걸친 구월산 토포 과정에서 황해도 관찰사 이세백이 파견한 김식 등의 무관이나, 황해도 관찰사 신엽이 파견한 만호 최형기 등은 상층 지배구조의 대표적인 앞잡이 중간세력으로 볼 수 있다. 그런데 그들이 구월산 녹림당을 토포하는 진정한 목적이 지나치게 명분론에 치우쳐 있어, 착취지배관계가 상세하게 드러나지 않는다. 그리고 지방의 군수나 현감이 토호나 아전과 이해관계를 놓고 어떻게 결탁되었으며, 공장·상고·지주·선주 등과 어떻게 먹고 먹히는 관계인가는 긴밀하게 형상화하였으나, 지방관리의 먹이사슬은 제대로 나타나지 않는다.

이러한 상·하층 착취지배관계 속에서 짓밟히고 빼앗기는 민중은 대략 세 부류로 갈라 볼 수 있다.

먼저, 몇 차례의 과거시험에 낙방한 지방 양반인 김기나 설유징과 같은 유학들은 지배층임에도 불구하고, 같은 계급에게 토지와 가족을 빼앗기면서 계급적 모순을 각성하여 민중지도자로 행세하게 된다.

두 번째로 중인계급인 공장 이경순이나, 농민계급인 최흥복·석산진, 반농반계급인 강선홍 등은 관의 착취와 억압 아래서 스스로의 계급적 인식을 통해 녹림당이 되거나, 그들의 협조자가 된다. 송도 임방 박대근은 애초부터 계급적 이해관계를 초탈하는 인물이다. 그리고 박대근이 계급적 이해관계를 초월하였다는 의미에서 중간적 인물이라면, 이와는 반대로 자신의 계급을 망각하고, 지배층의 앞잡이 세력으로 변신함으로써 변혁세력을 붕괴시키는 중간적 인물이 바로 사당패 모가비 고달근이라고 볼 수 있다.

세 번째는 천민으로 구성되는 민중계급이다. 광대는 문화 재인 마을에 집단으로 살고 있는 손돌과 장충의 무리로 대표된다. 소설의 주인공인 장길산은 노비의 몸에서 출생하여, 여러 차례 고난을 겪으며 민중의 지도자로 성장하고, 녹림당의 우두머리가 된다. 양반 세도가의 사노로 태어난 마감동·북성·중길·옹장이 아들 등은 거듭되는 계급적 모순 속에서 자신이 속한 계급적 당파성을 철저히 인식하고, 계급을 위하여 희생한다. 승려 운부와 풍열은 진보적인 승려 계층을 대표하는 현실적인 인물들이다. 여환은 계급연대를 주도하면서 최초의 민중봉기를 일으키나, 어이없는 배신으로 연대가 무너지고, 결국 잡혀 죽고 만다. 사공 우대용은 고난을 겪으며 수적으로 성장한다. 무당 오계준과 원향은 무계를 대표하여 역모에 동참하나, 역할은 미미하다.

향촌 양반으로 식자계층인 김기와 설유징은 처음부터 세계관이 다르다. 설유징은 과거를 거부하고 가난한 민중 한가운데로 들어가 자신이 익힌 한의 처방으로 사람을 구하나, 김기는 몇 차례나 낙방을 하였음에도 과거에 급제하여 가문을 일으킬 욕심을 버리지 못한다.

설유징은 장길산 등과 역병이 돈 꽃재말에서 자신의 한의 처방으로 역병을 퇴치하고, 마을 사람들을 활인한다. 책방이 고성 군수의 선정비를 세우자고 권유하자, 그는 책방의 수염을 잡고, 자신이 한 일은 사람의 의리로 한 일이지 허명을 탐한 일이 아니라고 질책한다. 그는 오진암 입국회의에는 참석하나, 그 뒤 행적은 알 수 없다.

이갑송의 도움으로 구월산 녹림당에 들어온 김기는 활빈당의 장자방으로, 기본 방향을 세우고 작전의 이해득실을 논하여 새로운 대책을 세우는 일을 맡는다. 그는 관이나 지방 토호의 재물을 터는 모의에는 탁월한 능력을 보이나, 같은 실수를 반복하고, 결정적인 거사 때는 자신의 계급적 처지를 극복하지 못하여 오류를 저질러 초천 마을에서 죽고 만다.

중인계급인 공장 이경순이나 농민 최홍복·석산진의 계급 각성은 강선홍의 그것에 비하여 철저한 편이 아니다.

여주 도장 이경순은 묘옥의 미색에 빠져 고달근의 사당패를 따라 당진까지 갔다가 묘옥을 구하여 여주로 돌아오나, 이방과 형방의 농간으로 재산을 빼앗기고, 아내마저 죽는다. 다시 묘옥을 만난 이경순은 문산포에 여각을 내고, 총포를 제작하여 녹림당에 공급하며, 고달근에게는 사주전을 제공한다. 장길산 토포에 나선 최형기는 철원 고달근을 회유하여 앞장세우고 문산포 이경순을 친다. 이경순은 오진암 입국회의에 참석하고, 묘옥은 여환의 미륵도에 수보살 노릇을 하나, 두 사람 모두 사적인 관계에 치중할 뿐 공적인 각성을 크게 일으키지 못한다.

모래 섞인 환곡을 빌려 먹은 최홍복은 약정과 집강이 가짜 호적장부를 들고 다니면서 잡부금을 징수하자, 마을 장정들과 함께 관아로 쳐들어가다 관군에 쫓겨 산에 들어간다.

모신은 살주계 옥사가 확대되는 것을 막기 위하여 석산진으로 하여금 신속한 사형을 자청하도록 하나, 석 과부는 모신의 의도를 알지 못하고 석산진을 죽게 만든 뒤, 자신도 목을 맨다. 한문을 독해하는 석 과부가 모신의 의도를 눈치채지 못하고, 석산진을 죽게 만드는 구성은 내적 필연성을 약화시키고 있다.

쇠뿔을 뽑을 정도의 장력을 지닌 소금장수 강선홍은 벌채부역을 나갔다가 내수사 노비에게 핍박을 당하고, 집을 떠날 결심을 한다. 그는 눈치나 보면서 죽지 못해 살아가는 양민의 삶을 내던지기로 작정하고, 소학권이나 읽은 형 인홍에게 충효가 속임수에 불과하니 자신은 산 속에 들어가 녹림당이 되겠다고 말한다. 또 그는 백운산·불타산 싸움에서 마감동과 오만석의 도움을 받고 그들에게 자신은 천인잡배의 소생이 아니라고 은연중 자부했음을 고백한다. 구월산·자비령 산채를 거치는 동안 그는 장길산의 오른팔 노릇을 하였으며, 초천 마을에서 최형기에게 가족이 생포당하자, 그들을 구하자고 장길산에게 강청할 만큼 감정적인 인물이나, 결정적인 실수를 저지르지는 않는다.

송상 행수 박대근은 처음부터 스스로의 계급적 이해관계를 초월하여 각성한 민중으로 행세하며, 간상 신복동을 잡아 매를 치고 그의 죄악상을 질책한 관계로 신의 부하에게 잡혀 죽도록 매를 맞기도 한다. 그는 구월산에 모인 두령들에게 결의형제를 맺을 것을 제안한 이래 장길산 활빈당의 후원세력으로 활로를 열어 주고, 방향을 제시한다. 그리고 송도 임방으로 승차한 이후에는 책문에서 청나라 상인과 인삼 잠상무역을 하여 막대한 이득을 얻는다.

사당패 모가비 고달근은 당진에서 유 동지의 재물을 털어 천

마산 복만이 아래로 들어가 좀도적질로 나날을 보낸다. 철원에 객점을 낸 고달근은 장길산을 만나 혈당으로 들어가고, 철과 유기를 모아 문산포 이경순에게 사주전 제조를 부탁한다. 그리고 모신이 도성번복과 역성혁명을 위해서는 민중뿐 아니라 중인과 선비계급의 참여가 필요하다고 역설하나, 그는 겉으로만 이에 동의하고, 사리사욕에 눈이 어두워 장길산 토포에 나선 최형기의 회유에 넘어가, 이경순의 객주점을 발고하여 박살나게 한다. 그리고 총포를 찾으러 온 천동이 일파는 관군에게 잡혀 고문을 받게 된다. 또 최형기를 원산포 이시홍의 객점으로 안내하여, 고원 김선일을 치게 한다.

『장길산』의 주체적 인물들은 천민집단이다. 『장길산』의 첫머리는 만삭인 한 여비가 기찰포교와 겸인으로부터 추노를 받는 장면으로 시작된다. 눈 내리는 어느 물레방앗간에서 광대총대 손돌 노인의 주관으로 장충은 노비의 몸으로부터 아기를 받아 낸다. 이렇게 출생의 비밀을 지닌 채 세상에 태어난 장길산은 노비 출신으로 승려가 된 생부 명근을 만나나, "자기도 보지 못하면서 무슨 역적질이냐."라는 쓴말만 듣고 묘향산을 나온다.

출행 계회날 제사를 지내고 장충이 "관은 아주 허수룩하고 연약한 듯하지만 의외로 강대하니 바늘을 들고 황소를 찌르려 하지 말라."고 말하자, 장길산은 "황소를 잡으려면 망치를 만들어야 하고 범을 잡으려면 함정을 파야 한다."고 어렴풋하나마 지배층에 대한 계급적 각성을 보여 준다.

간상배 신복동의 앞잡이 막개와 갈대밭에서 싸우던 장길산은 관군에 잡혀 처형의 위기에 처한다. 그 곳에서 그는 옥사에서 죄수들을 돌보며, 망나니로 전락해 있는 우대용을 만난다. 그는 굶주린 죄수에게 사식을 나누어 주고 병든 죄수들을 간병하며, "힘은 지혜에 미치지 못하고 지혜는 덕에 미치지 못한다."고 각성한다. 탈옥을 앞둔 그는 바깥세상에 나가면 좋은 세상을 만드는 공부를 하고, 스스로 온 세상의 감옥을 깨부셔야 할 사명감을 갖게 된다.

잠채잡이 유복령과 결탁한 맹산 현감을 징치한 장길산은 "적은 수십 수백 겹으로 둘러친 담장과 같으니, 민중의 노도처럼 때리고 밀어닥칠 함성만이 눈앞의 가까운 적을 물리칠 수 있다."고 각성한다.

구월산에서 산신제를 지낸 뒤, 장길산은 "녹림당이 활빈당으로 백성의 병졸이 되어 어지러운 세상을 평정하고 새로운 세상을 만들자."고 선언한다. 그리고 투항한 최흥복에게 "우리는 백성들이 억눌려 살지 않도록 끊임없이 잘못된 제도와 싸우고, 드디어는 백성의 세상을 세워야 할 것"이라고 말한다.

초천 마을에서 최형기에 패한 장길산은 산으로 도망을 친 후, 강선흥이 체포당한 가족을 구하러 가자고 청하자, "혈육과 헤어져 만나지 못하는 백성이 어찌 우리뿐이며, 다른 힘없는 이들이 억눌려 살지 않도록 끊임없이 잘못된 제도와 싸우고, 드디어는 백성의 세상을 세워야 할 것"이라고 말한다.

또 길산은 잡혀 간 자식에게 "네 애비가 길에서 태어난 것과 세상으로부터 내쫓긴 까닭을 알고 아버지가 걸어간 길을 되밟아 오라."고 한다.

이렇게 장길산의 자기 각성은 철저한 편이며, 녹림당 두령으로서의 공적인 의식과 책임감을 가지고 있으나, 남을 비판하는 데 냉혹하다.

한양 교리 댁 노비로 태어난 마감동은 큰아들이 그의 처 향분을 범하자, 상하와 주종의 의리관계가 인간의 법도라는 종래의 생각이 얼마나 덧없는 것인가를 깨닫고 낫으로 큰아들을 찔러죽인 후, 한양을 탈출하여 녹림당이 된다. 마감동이 "세상 모두가 도둑놈인데, 가진 자의 재물을 조금 훔쳐 굶주림을 면하는 우리가 무슨 도적이냐."고 반문하자, 박대근은 "백성을 돕는 녹림당이 되어 나라를 들어먹는 큰 도적을 쳐야 한다."고 충고한다.

황해도 관찰사 이세백은 무관 김식 등 여섯 명을 구월산에 보내어, 장길산의 수급을 베어 오라는 지시를 내리고, 수렛고개와 무더리로 침투한 그들을 맞아 마감동은 김식과 새벽까지 칼싸움을 벌여 그의 목숨을 끊고 장교 두 명을 살려 보내면서 "댁네들도 우리와 마찬가지로 수령 방백 토호들에게 시달리고 천대받으며 살아온 사람들인데, 좋은 용력과 재주를 가지고 어찌 백성을 괴롭히는 자들과 살려고 하는가?"라고 타이른다.

최형기가 큰샘골에서 포위된 마감동에게 투항을 권유하자, "이미 이 나라는 근본부터 썩어서 고약한 냄새가 난다. 사민이 있다 하나 글 읽고 벼슬하거나 전장이 많고 권력 있는 자들만

이 나라의 주인이요, 나머지 백성들은 낳고 살고 죽기가 금수보다도 못하다. 임진난리 때에도 병자난리 때에도 약한 백성들에게는 야차와 같이 굴던 것들이 바깥 도적들에게는 기도 못 펴고 꿈쩍도 못 하면서 온 나라를 내주고 말았다. 그러고도 이제껏 조정의 귀하고 높은 자리는 저희끼리 다투어 들어앉고 내려오고 하면서, 입으로만 백성이요 실상은 대롱을 꽂아 고혈을 빠는 먹이로 여길 뿐이다. 어찌 하늘이라 편하게 머리를 쳐들어 살아갈 수 있으랴. 이제라도 늦지 않았다. 그대가 몇 품 벼슬을 지내는가? 고작해야 병수사 자리라도 기다리고 있는가? 그 칼을 뽑아 너를 보낸 자들에게로 돌려라. 네 등뒤에는 팔도의 촌촌마다 피눈물로 포한 맺힌 황민의 믿음이 있다. 이 땅에서 살다 죽어진 수도 없는 백성들의 원혼이 있다. 자, 나와 함께 먼저 해서 감영을 들이치자. (……) 백성이 무서운 것을 알라. 지금은 한줌에 지나지 않되 머지않아 질풍이 되어 뒤덮을 것이다."라고 말한다.

최형기와 칼싸움 끝에 마가 승리하나, 관군이 쏜 화살을 맞아 타오르는 눈빛으로 허공을 노려본 채 숨을 거둔다.

살주계 총대 중길은 이지사네 노비를 모아 놓고, 이제까지 노비는 양반들에게 "마소처럼 부림받던 천예들인데, 세상이 바뀌어 앞으로 우리 세상이 오니 천하를 일으켜 세우는 데 힘을 합할 자는 따라 나서라."고 한다. 중길 등 살주계 계원들은 장안 중심부로 들어가 방을 붙이고 격문을 뿌린다. 격문에 이르되, "너희 양반들이 몇몇 계원들을 포득하였다 하나, 우리를 모두 죽이지 못하면 종말에는 너희들의 배에다 칼을 꽂고 말 것이다. 성내의 천예와 억눌린 백성은 모두가 한편이니 서슴지 말고 일어나 상사람의 나라를 세우리라."고 말한다.

포도 종사관 최형기가 중추부사 목내선의 수노 북성을 살주계원 혐의로 만나려 하자, 목은 북성을 광에 가두고 혹심한 형벌을 가하니, 그의 어머니가 아우를 시켜 형을 죽이게 하고 아우는 도망을 친다.

간상 신복동의 모략에 걸려 뱃사공 우대용은 장길산과 감옥을 살고 세상에 나와 선주 윤춘득의 도사공 노릇을 하나, 화수에 걸려 매를 맞고 쫓겨난다. 그 후 석범철 · 홍천수 등과 용선을 짓고 청나라로 가는 무역선을 터는 등 수적질로 이름을 날린다. 어려서 가출을 했거나 관에 쫓기던 수적들은 여염생활을 할 엄두를 내지 못하였는데, 우대용을 만나 비로소 혼인도 하고 정착생활을 하게 된다. 이후 그는 구월산 녹림당과 일정한 관계를 맺으면서 청나라와 인삼 잠상무역로를 트는 박대근을 따라가 이학선과 함께 청나라와의 잠상길을 튼다.

조선시대 승려계급은 천민이면서도 식자층으로 중생을 약탈 · 억압하였으나, 일부 승려는 무위열반에 머무르지 않고 중생과 더불어 고통을 함께 하였다.

꽃재말에서 역병으로 시달리는 백성을 장길산과 설유징이 활인하고 운부를 찾아갔을 때, 그는 "한두 번의 활인이나 활빈으로 중생을 구제할 수 없으니, 이는 잉어가 자라는 연못에서 가물치가 함께 자라면 잉어는 목숨을 부지하지 못하는 것과 같다. 연못 모두가 가물치의 연못이 되는 것이다. 그럴 적에 한두 마리를 잡아 없앴다 하여 달라지겠느냐, 모두 남김없이 잡아 내야 하느니라."라고 하며, 근본적으로 나라를 엎어 버려야만 중생을 구제할 수 있다고 말한다.

운부는 금화 암굴에 모인 중생에게 왕을 죽이고 한양 주변 백성의 힘을 모아 궁궐을 깨뜨리라고 말하고, 모든 승려들은 활인을 실천하라는 명에 따라 각자의 임무를 부여받는다.

월정사 승려 풍열의 주선으로 재인말 광대들은 탑고개로 이사를 하고, 이갑송과 마감동은 탐학한 부자와 더러운 관리의 재물을 털어 가난한 백성을 활인하라는 가르침을 받는다. 구월산 두령들이 산채에 모여 형제의 의를 맺고, 풍열은 장길산에게 미륵사상을 가르치고 춘궁기를 맞이한 빈민들에게는 양곡을 보시한다.

만호 최형기가 구월산을 토포할 때 풍열은 그와 협상 끝에 월정사에 따른 식솔을 구하는 대신 된목이골 산채를 최에게 내어 준다. 또 여환이 거병을 할 때는 거사기일을 앞당겼다는 이유로 승병의 출병을 중지시킨다.

풍열은 오진암에서 입국회의를 주재하고 그 취지를 "이제 승속이 동참하여 여기에 모인 뜻은 한시바삐 한양의 조정을 뒤엎고, 도솔타천 용화세계를 이루어 보자는 데 있소이다."라고 하였다.

여환은 망해사 보경 큰스님 아래서 묘정과 심백이 동반으로 함께 공부하였다. 그가 해주 송림방 사자암에 머무는 동안 장길산이 죽은 줄 아는 묘옥이 위기에 처했을 때, 그녀를 위로하여 사당패를 따라 남쪽으로 가도록 길잡이를 하여 주고, 박대근과 이학선의 도움으로 탈옥한 장길산과 우대용은 여환을 만나 그들이 도망칠 길을 안내받는다.

여환은 문산포 장쇠 할미 넋굿에서 모인 사람들에게 "지금 세상에는 어미가 자식을 먹으며, 부모가 자식을 버리고, 가장이 식솔을 버렸으며, 시체의 옷을 다투어 벗기고, 벼슬아치들은 백성의 참상을 돌아보기는커녕 유민이다 명화적이다 하여 백성을 함부로 남형살상하고, 조정은 패가 갈려 서로 잡아 죽이고 서로 쫓아 내고, 위로 오랑캐와 아래로 왜적의 동태가 심상치 않아 병란이 일어났다는 소문이 들끓고, 사방에서 하리와 백성들이 벌떼같이 일어나 지방 수령과 양반을 도모하고 있다." 하고, 또 "미륵은 저 산 위 절에만 있는 것이 아니라 정화수를 떠다 놓고 비는 뒤뜰에도 있고, 저 들판에, 동구 밖에, 산모퉁이 길가에, 엇비슷한 돌맹이에 대충 도끼로 쪼아져서 아무렇게나 있다."고 말한다.

이렇게 여환의 미륵당은 김시동의 검계와 함께 역성혁명을 위해 민중연대를 펼쳐 나간다. 여환은 관의 핍박으로 죽지 못해 살아가는 민중들에게 미륵도를 설파하여 용화세상에 대한 희망을 심어 준다.

그러나 거사기일을 앞당겼다는 이유로 외응 병력이 동참을 거부하여 역모가 실패로 돌아가자, 여환과 원향은 가막산 움집에 숨어 있다가 관군에게 잡혀 참수당하고 만다.

　오계준은 무계를 짜 역모에 동참하기로 하고, 사선골 불구덩이 속에서 목숨을 건진 원향은 여환의 간병으로 정신을 되찾아 미륵도의 용녀 부인으로 행세한다. 사선골에서 무계를 짜고 여환·원향·황회·전성달 등이 모여 입국모의를 할 때, 오계준은, “양반 사대부가 우리에게 가르쳐 주고 내려 준 것이 무엇이오. 약한 놈에게서 빼앗고 어리석은 자 후리고 논밭에 엎드려 거름 주는 농투성이 업신여기고, 흉황에는 멀건 죽사발이요, 외침 때에는 저희는 도망가고 우리는 산천을 지키거나 아니면 적의 천예가 되라 하오.”라고 말한다. 그러나 여환이 거사기일을 앞당기자 제일 먼저 발을 빼고 등을 돌린다.

　앞서 밝힌 바와 같이, 상층 지배구조와 하층 착취구조의 중간 세력이 관찰사 이세백과 신엽인데, 그들은 상층 지배구조의 앞잡이 세력으로 휘하 세력인 군수나 현감을 억압 통제하고, 때로는 군을 동원하여 민란을 토포하기도 한다.

　숙종 10년, 기근으로 고통받는 기민들이 사방에서 들고 일어나자, 장길산 일행은 자비령과 구월산 등지에 출몰하여 관리와 부호를 털어 활빈행을 시작하니 ‘눈속의 티’와 같았다. 황해도 관찰사 이세백은 과만을 말썽없이 넘기고 싶었으나 자꾸 소문이 일어나고 민심이 동요하자, 다른 이가 부임하여 오기 전에 황해도에서 큰 난리라도 치르게 되지 않을까 염려하여 무관 김식 등 여섯 명을 구월산에 보내어 장의 수급을 베어 오라는 명령을 내린다. 이러한 이세백의 조처는 지극히 당연하고 합당한 것이다. 그러나 작가는 이러한 외피 뒤에 숨어 있는 관찰사와 지방 수령 및 지방 토호와의 이해관계를 제대로 밝혀 내지 못하고 있다.

구월산 녹림당을 토포하는 만호 최형기는 서울의 포도 종사관으로 있을 때, 검계와 살주계를 억압·토포하였다. 검계와 살주계가 흥인문 밖에서 좌포장 이인하의 처가 재물과 이지사네 재물을 털자, 양반에 빌붙은 최형기는 자신의 출세를 위하여 노비를 진압하였다. 또 최는 마감동이 비도로 김식을 베었다는 말을 듣고, "때가 난세라 아까운 자들이 들판을 헤매고 있지만, 사람의 마음을 사로잡는 도적처럼 무서운 적이 없으니 그냥 둘 수 없다." 하며, 탑고개에서 의연하게 죽는 광대 총대를 보고는 "자신은 뚫어지고 금이 가기 시작한 집의 담벽을 수리하러 파견된 사람이니 나라를 더욱 견고하게 지켜야 할 것"이라고 생각한다. 이러한 최형기의 명분론은 부패·타락하였다기보다는 지극히 건강한 것이다.

삼천 군수는 부가옹의 재물을 후려 내고 부가옹은 관전의 사용권을 청탁한다. 고성 군수는 꽃재말 역병에는 관심이 없고 자신의 선정비를 세우는 데 열성이다. 문화 현감은 지주 부가와 짜고, 이익을 취하기 위해 재인 마을의 화전을 관전과 바꿔치기하고는 상부의 지시인 것처럼 꾸며 재인 마을 사람들을 내쫓는다.

맹산 현감은 잠채잡이 유복령과 결탁하여 유민을 모아 서산 이목에서 잠채잡이를 한다. 형방과 이방이 농간을 부려 경순의 재산을 독차지하고 경순의 아내마저 죽인다. 왕실에서 파견된 내수사 노비는 주민을 벌채 부역에 동원하고 때로는 매질도 서슴지 않는다.

이와 같이 작가는 하급 관리의 부패타락과 착취지배구조를 비교적 기능적으로 인식하고 있다.

다음은 관리의 행패와는 비교도 할 수 없는 지방 토호들의 취재 과정과 백성을 억압하는 실상을 살펴보기로 한다.

묘옥 어머니의 미색에 반한 양장교는 묘옥 아버지가 수적과 내통했다고 거짓 밀고한 다음, 묘옥의 집안을 파멸시킨다. 진사 신복동은 양주 통인을 거쳐 공주 아전으로 축재를 하고, 해주에 여각과 색주가를 내어 간상배로 활동하던 중 주상을 낼 목적으로 관가와 결탁하여, 임유학을 모략으로 파산시킨다. 그리고 여 첨지는 서 선비를 동행하여, 김기의 딸과 가산을 빼앗아 간다. 동지 유치옥은 화수와 매점매석으로 취재를 하고, 경강의 여각과 강화의 객주를 경영하고, 당진에 광대한 전장을 마련하였는데, 그의 차남 유필준이 아비의 세를 믿고, 행패와 야료를 일삼더니, 당진에 판을 벌인 고달근네 사당패를 그의 집으로 잡아간다. 신백과 법호는 타락한 천불사 주지를 협박하여, 사찰 장토관리권을 빼앗고 소작인을 착취한다. 첨사 동춘만은 해서에서 진장을 지낸 바 있어, 재령 나무리벌의 궁가 감관을 자청하여 도장을 지낸 뒤, 집강이 되었다. 동춘만은 맨주먹으로 재력과 수만 전을 모으고 광대한 토지까지 장만하였으며, 그가 관리하는 토지는 30~40리나 되었고, 집은 아흔 칸이 넘었으며, 농우는 40여 마리가 넘었다. 또 선주 윤득춘은 우대용을 화수를 빌미로 때리고 내쫓는다. 빨래터에서 석 과부의 미모에 홀린 일흔 고령의 한 판관은 큰아들로 하여금 사람을 사서, 석 과부를 강제로 보쌈하고 범간하려 한다. 금천유사과는 조읍 포창에서 여각을 경영하고, 신천·재령 등지에 전장을 두었으며, 세곡 운임을 독점하여 취재를 하고, 아들 삼형제를 중심으로 민병을 조직하여 자신의 재물을 지킨다.

보는 바와 같이, 빼앗기고 짓밟히는 황해도 민중의 참상을 살핀 암행어사 박만정은 "보리도 떨어지고 햇곡도 나오기 전에 관수미마저 동이 나 버려 백성들이 입에 풀칠할 아무것도 없다면 어찌 하겠는가."라고 탄식하였다.

사선골에 기찰 나온 포교에게 먹을 것을 주면서 후례는 "우리 모녀처럼 힘도 없고 가진 것도 없는 사람들이야 무서울 게 없답니다. 관차가 더욱 무섭지요. 벼슬아치들은 하늘이 놀랄 일을 저지르고도 수염 하나 까딱 않고 오히려 호통을 치고, 그럴듯하게 둘러대지요. 깜쪽같이 양민의 고혈을 빨아먹고도 오히려 벼슬아치 해먹기가 어려운 노릇이라구 발뺌을 해대지요. 여우 같은 놈은 우리의 등을 토닥이며 골을 빼먹고, 호랑이 같은 놈은 무섭게 으르렁거리면서 혼줄을 내어 한꺼번에 깨물어 먹고, 뱀 같은 놈은 찰싹 달라붙어 갖은 아양을 다 떨어 가면서 혓바닥으로 햅끔거리다가 천천히 삼켜 먹고 하는 판이니, 아예 우리 대신에 그런 것들을 휩쓸어 버리는 이들이 나와야지요."라고 말한다.

그리고 자비령에 들른 박대근은 당파싸움을 일삼는 조정을 비판하고, 장길산은 대동세상을 앞당겨 실현하기 위하여 명화적당과 연계하여 상고의 직제를 짜, 병을 키울 계획을 세운다.

위와 같은 하층 착취지배구조의 상세하고도 치밀한 형상화는『장길산』이 지방사 소설이라는 점을 재확인시켜 준다.


## (3) 서로 나누며 일어서는 민중

기사환국 이래, 왕도가 무너져 조정의 권신은 붕당싸움을 일삼게 되고, 지방관리와 아전권속배는 탐관오리로 발호하였다. 더구나 숙종 10년 가뭄으로 인한 대기근은 백성들을 세상으로 내몰아 역병으로 쓰러진 자의 시체들이 까마귀밥이 되곤 하였다. 여기에 삼정이 무너져 백성은 가렴잡세에 시달리게 되고 집을 떠난 유민은 황민이 되어 전국을 떠돌았다.

또 공명첩을 받고, 씨를 바꾸려는 부호도 제법 많아서, 흉년에는 찰방·별좌·판관·첨정·부정·통례정·첨지·동지 등등의 가설직의 사태가 났고, 양민은 차츰 천민으로, 돈 있는 자는 자꾸만 양반으로 상승되어 신분의 변화가 일어난다.

나라의 구호를 기대할 수 없는 마당에 가난한 민중은 서로 나누고 일어서는 수밖에 없었다.

부처가 금강경에 이르기를 "보살은 마땅히 경계에 머무는 바 없이 보시를 해야 한다. 이른바 색에 머무는 바 없이 보시

할 것이며, 소리·향기·맛·느낌·법에 머물지 말고 보시를
해야 한다. 보살은 이와 같이 보시해야 할 것이며, 모습에 머
물러서는 안 된다(應無所住行於布施 所謂不住色布施 不住聲香味
觸法布施 須菩提 菩薩 應如是布施 不住於相)."하였다. 즉 여섯
가지 티끌에 머물지 말고 보시하라는 것이다.

어느 겨울 저녁, 천장사에 문둥이 여자 거렁뱅이가 밥을 빌
러 왔다. 몸에는 피고름이 번져 악취가 나고, 정신도 정상이
아니었다. 공양간에서 일하는 공양주도 문을 닫아 버렸다. 그
녀는 문에 매달려 발버둥을 쳤다. 이를 본 한 승려가 여자의
손을 잡고 자신의 승방으로 데리고 갔다. 그 날부터 그녀와 승
려는 한 방에서 밥을 먹고 같은 이불에서 잠을 잤다.

위의 일화는 부처의 가르침에 따라 경허가 행한 보시행이다.
부처가 보시고, 보시가 바로 부처니, 보살행위란 바로 보시행
을 이름이다.

『장길산』의 첫머리는 예성강의 벽란나루에서 문화 광대패가
만삭 노비를 구하여 강을 건네주고, 광대 장충이 핏덩이 장길
산을 거두는 극적 장면으로 전개된다. 장충과 안 무당의 극진
한 보살핌으로 성장한 장길산은 세상을 구하고자 활빈당 총두
령이 된다.

조 열 되에 팔린 묘옥은 모두 한 사람같이 느껴지는 네 명의
남자에게 굶주린 채 유린당하고 창기가 되나, 옆구리에 종창

이 나자 산간에 버려진다. 병든 묘옥을 손돌 노인이 구해 주자, 묘옥은 노인에게 종이 되어 삼 년 동안 은혜를 갚고, 병든 아비를 버리고 간 어머니에게는 복수를 할 결심을 한다.

장길산과 인연을 맺은 묘옥이 그가 죽은 줄 알고 집을 떠나게 되자, 홀로 남은 광대 손돌 노인은 묘옥에 대한 연정을 마지막 춤으로 승화시킨 후, 불길에 몸을 던져 육신을 사른다. 부끄러운 연정을 불구덩이에 버리고 손돌 노인은 무로 돌아간다.

위기에 처한 묘옥은 여환과 강선홍의 도움을 받고, 고달근의 사당패를 따라 남쪽으로 간다. 죽을 사 먹인 거지 장쇠의 도움으로 이경순의 부인이 준 돈을 되찾고, 장쇠 할미 넋굿을 베푼 묘옥은 여환당 미륵도의 수보살이 된다. 묘옥은 기구한 사연 끝에 장길산을 만나자, 이경순과의 사이에서 난 아이를 맡기고 자신은 자맹하고 만다. 묘옥은 자신이 받은 보시에 비하여 남에게 베푼 보시는 적은 주인공의 한 단면을 보여 주는 인물이다.

나무를 맨손으로 뽑을 정도의 괴력을 지닌 이갑송은 주막에서 만난 봉산 선비 김기를 도와 주어 녹림당으로 끌어들이고, 간부를 살려 보낸다. 그리고 어머니를 죽인 아내를 어머니의 묘소에서 살해하지만, 아내의 체면은 살려 준 이갑송은 집을 떠나 풍열의 예언대로 대성 법주가 되고, 승병훈련의 책임을 맡는다.

호랑이 사냥에 나섰던 장길산은 최흥복이 새끼호랑이를 죽이려 하자 살려 주라 하고, 최가 장길산의 등뒤에서 창을 겨눈 상태로 새끼 딸린 어미호랑이를 배웅한다. 장길산은 무위 상태로 자신을 버림으로써 새 생명을 건진 것이다.

장길산과 우대용은 객사에서 만난 여환과 거지 모녀에게 따뜻한 음식을 보시하고, 두 모녀에게 개털 배자를 벗어 준다.

송상 박대근과 그의 처 귀례가 전라도 화순에서 온 세 모녀를 활인하자, 모녀는 박대근에게 인삼의 재배법을 알려 준다. 그리고 박대근이 언실의 남편 최윤덕을 행수로 삼자 감격한 두 부부는 은혜를 잊지 않기로 하고, 사행에 낼 찐삼을 준비한다. 박대근과 세 모녀, 최윤덕 사이에서 서로 주고받는 보시는 모습에 머물러 있어, 참된 보시로 보기는 힘들다.

여환은 양주 칠성암에 머물 때, 장형을 맞게 된 사람 대신에 볼기를 맞아 주기도 하고, 약한 백성들 편에서 소장을 대필하여 주고, 주는 옷을 가리지 않고 받아 입고 다니다가 유민에게 나누어 입히며, 무거운 짐을 진 사람의 짐을 대신하여 지어 주고, 행려병자를 치료하여 돌려보내고, 시체를 염습하여 묻어 준다. 또 운부가 주도한 역모회의에 참석하고 월정사로 돌아온 여환은 구월산 학살 당시 불구덩이 속에서 목숨은 건졌지만 실성한 원향을 풍열의 명에 따라 간병하게 된다. 여환은 원향을 목욕시키고, 밤에는 안고 자는 등 지극한 간병으로 실성한 정신을 찾게 한다. 이렇게 여환은 어디에도 머무는 바 없이 보시행을 하였으며, 비승비속의 몸으로 몸을 던져 역모를 주도하게 된다.

이와 같이 『장길산』에서 민중들은 서로의 목숨을 구해 주고,

가진 것을 나누면서 상생한다. 또한 그들은 서로의 목숨을 건지는 자리에 머무르지 않고 가난을 구하는 일에 앞장서게 되는데, 활빈도로 자처한 장길산의 녹림당이 이를 주도한다. 활빈행은 구월산 활빈당이 관가나 부가옹을 쳐서 재물과 양곡을 가난한 민중에게 나누어 주는 모습이 일반적이다. 그러나 취재의 정도를 논하고 용화사상을 빌려 활빈을 권고하기도 한다.

박대근은 신복동에게 "지방 장시를 횡행하여 가난한 백성의 산물을 위협으로 침탈하고, 썩은 관리와 결탁하여 영세 행상들의 판로를 막고, 혼자 저자를 독점하였으며, 폭리로 혼자의 이윤만을 도모한 나머지 가난한 자는 더욱 가난하게 만들었고, 상행위에 있어 탐욕스런 부자와 결탁하여 더욱 재화를 늘렸고, 재물을 여럿 사이에서 도적질하듯 빼앗아 권세를 사고 팔며, 관아에는 야비한 아첨으로 뇌물을 바쳐 국세를 좀먹었고, 관리를 타락시켜 백성에게는 혹독하고 선행에는 침을 뱉은 간상배의 죄가 크다."고 문책한다.

그리고 배 대인은 약재 매점매석으로 이재한 귀례에게, 속임수를 써서 신용을 잃었으며, 백성들이 흔히 쓰는 약재를 매점매석하여 못사는 백성을 괴롭혔고, 또 귀례의 취재는 상도를 타락시켜 시장을 마비시킬 우려가 있다고 나무란다.

또 노적사 대덕 정원태는 "앞으로 양반이 상사람이 되고, 상사람이 양반이 되는 미륵세상이 오니, 우리는 그릇된 세상을 건지고 도탄에 빠진 창생을 살려야 하며, 양반의 재물을 빼앗아 거사에 쓸 병장기와 마필을 사야 한다."고 말한다.

최형기가 장길산의 체포를 위하여 붙잡힌 수광대 장충을 회유하려 하자, 장충은 "길산이는 그대가 보기에는 극악한 명화적이라 하나, 인근 사방의 모든 백성들은 대의를 아는 사람이라 하오. 그가 나라를 등진 것은 나라가 버린 백성이 너무도 많기 때문이고, 백성을 괴롭히는 자들이 끊임이 없기 때문이오. 그 애가 토포를 받을 지경으로 큰 도적이 된 것은 스스로 활빈도를 행하였던 까닭이라, 그렇게 키우고자 한 아비로서 여한이 없소."라고 말한다.

장길산과 그 일파가 부자와 관가를 쳐서 빼앗은 부정한 재물과 곡식을 가난한 백성에게 활빈하는 사례는 모두 여덟 번 나타난다.

장길산과 이갑송은 장꾼들에게 행패를 부린 간상배를 문화 장터에서 징치한 후, 장꾼들에게 빼앗은 물건은 돌려주고, 싸게 산 물건에 대해서는 두 푼씩 배상하게 하는데, 이것이 장길산이 행한 최초의 활빈행이다.

김기·이갑송·마감동·오만석 등은 문화 관아를 치고, 장길산의 부모를 탈옥시킨 뒤, 창고의 재물 중에서 국고에 들지 않은 수령의 사재는 백성들에게서 부당히 빼앗은 것이므로 찾아가라는 방을 붙여 재물을 나누어 준다.

강선홍과 우대용은 집강 동춘만의 부패타락을 징치하고 구속된 사람은 풀어 주며 재물을 마을 사람에게 나누어 준다.

또 장길산은 심메마니를 깨우쳐 서산이목 광부를 구하는 일에 참여시키고, 광부들에게 금을 나누어 주어 귀향시킨 후, 자신을 따르는 김선일 등을 데리고 구월산으로 들어간다.

장길산·김기·김선홍 등은 서홍 조 동지의 곳간을 열어 빈민을 구제하고, 마감동·오만석·변가·옥여 등이 구 부자의 곳간을 털어 우산포 포구마다 쌀을 뿌려 놓아 백성들이 나누어 먹게 하자, 갈대밭에 쌓아 둔 남은 쌀은 백성들 스스로가 관군을 물리치고, 공평하게 나누어 갖는다.

그리고 장길산의 녹림당은 조읍 포창을 열어 오백여 명의 난민에게 세곡을 나누어 준다.

서홍 관아를 친 장길산은 관곡을 길가에 풀어 양민을 구휼한다.

장길산 활빈도가 운산 관가의 곡식을 털어 길에 뿌리니, 난민이 흙과 함께 곡식을 거두어 갔다.

그러나 가난하고 힘없는 민중이 서로 나누는 보시나 활빈당을 자처하는 녹림당의 활인과 활빈은 일시적이고 잠정적인 것이어서, 썩은 나라의 가난한 백성을 근본적으로 구제할 수 없다. 따라서 사회변혁과 역성혁명만이 민중의 고난을 본질적으로 해결하는 열쇠가 될 터이다.


## (4) 역사적 주체로 맞서 버티는 민중

여환이 궁성을 깨부수고 임금을 죽일 역성혁명의 주동적 인

물이 될 것이라는 암시는, 운부가 주도한 금화암굴 역모회의
에서였다. 운부의 직계인 대성 법주가 양성한 오백여 명의 승
병이 아니고, 또 전투 경험이 풍부하고 기마군을 갖춘 풍열의
직계인 장길산의 녹림당이 아닌, 비승비속의 여환이 역성혁명
의 최전선에 서게 되었다는 것은 대단한 아이러니가 아닐 수
없다.

여환은 묘정의 전갈에 따라 금강산 수태사에서 승려 도안과
하안거를 보내고, 법주의 안내에 따라 금화 암굴에서 풍열·
옥여·정원태·황회·전생이 등을 만나 한양을 도모하여 임
금을 죽이라는 운부의 명을 받는다.

운부는 초면임에도 불구하고 여환에게 "중질을 그만두는 게
어떠하냐."라고 하였는데, 이는 여환을 '방편 바라밀'로 쓰겠
다는 것이다. 즉 불법을 지닌 채로 불법이 허용치 않은 일을
하고, 계를 지키며 계를 파하고, 부처를 따르며 부처를 버리라
는 뜻이었다. 바로 물에 빠진 자를 우선 구하고, 맹수 만난 자
를 살려 내고, 독화살 맞은 자에게서 화살을 뽑아 주어야 한다
는 뜻이다. 조정의 중신들과 양반 사대부들은 백성이 만난 재
난이요, 맹수요, 독화살이다. 모두 지옥불 가운데 떨어질지언
정 여기서 정토를 이루어 내야만 하는 것이다. 운부의 이러한
제안을 여환은 가슴의 작은 떨림으로 받아들였다.

운부와 풍열이 여환을 '방편 바라밀'로 선택하는 데 합의하
였는지는 분명하지 않다. 그러나 풍열이 옥여를 대동하고 금
화 암굴까지 운부를 찾아와 여러 사람 앞에서 여환을 대면시

켰다는 사실은 운부와 풍열 사이에 어떤 묵계가 있었다는 것을 암시하고 있다. 이러한 묵계는 입국회의에서 다시 확인된다.

자비령의 장길산·김기·강선흥, 문산포 기순·여환·이경순, 서해 우대용, 해주 묘정, 송도 박대근, 금강산 대성 법주·설유징, 구월산 풍열·옥여, 신천 오계준 등 13인은 오진암에 모여 이른바 입국회의를 연다. 풍열의 주재로 썩은 나라를 뒤엎고 백성들의 새로운 나라를 세울 계책이 설유징·풍열·김기 등에 의하여 제안된다.

설유징은 공홍도가 중요하지만 경강수로와 남한산성을 굳게 지키면 삼남의 군사는 자연히 물러나니, 해서와 강원도에서 포위·협공하자고 주장한다.

풍열은 급소가 한양의 궁궐이니, 막바로 궁궐을 치고 나서 해서와 강원도에서 거병하여 지방군의 진격로를 끊고, 미리 대기하였던 민병이 남한산성과 강화를 점령해야 한다고 주장한다.

김기는 밥을 짓는 데도 준비와 그 역할의 분임이 있는 법이니, 쌀을 씻고 물을 맞추고 불을 때고 끓기를 기다려 익은 뒤에는 뜸을 들여야 한다고 말한다. 경기도 근방에 있는 사람들이 불을 때는 역을 맡아야 하며, 황해도·강원도에서 쌀을 씻거나 물을 맞추는 일을 해야 하고, 도성 내의 사람들이 뜸을 들이는 역을 맡아야 한다는, 설유징과 풍열의 절충안을 내놓는다.

이러한 김기의 제안에 따라, 여환은 선택의 여지없이 불을 때는 역할을 맡는다. 즉 검계와 살주계가 주축을 이루고, 미륵도를 전파하여 마을 단위의 연계를 지어 궁궐을 도모하는 주역을 맡게 된 셈이다. 사실 그들이 도모하는 역모가 성공하려면, 적어도 김기가 제안한 안을 따를 것이 아니라, 풍열의 현실적인 처방을 따라야 했을 것이다. 또한 막바로 궁궐을 치는 데에는 여환이 주도하는 무리가 아니라, 자비령의 기마병과 법주가 훈련한 승병이 앞장을 서야 했을 것이다.

풍열의 제안에 따라 오진암에 모인 13인은 썩은 나라를 뒤엎어 백성들의 새로운 나라를 세우고, 미륵의 도솔타천을 실현할 것과 등돌리는 자는 천지신명께서 천벌을 내리라는 결맹서를 작성한다. 그리고 이러한 결정에 따라 여환은 검계·살주계 등과 연대하여 미륵도의 세력을 넓혀 나간다.

장쇠 할미 넋굿을 위하여 문산포 이경순의 집에서는 묘옥의 주선으로 혜음령의 영길·중길 등과 양주의 여환·계화 부부 등이 모여 굿을 하고 미륵도를 넓혀 나가며, 양주 칠성암에서는 계화와 여환이 미륵도 주문을 외게 하고 자신의 원력으로 병을 치료하는 방법을 일러 주어 용화향도를 불려 나간다.

궁궐 상번병으로 들어간 시동은 정만일·오경립·이시흥·정대승·김성남 등과 친해져 검계 혈당으로 들어가고, 사선골에서 삭녕으로 이주한 전성달은 용화향도가 된다.

김시동은 정원태·고달근 등과 솔부리 객점에서 검계를 모아 혈맹을 맺고, 용화향도와 함께 장군사에 모여 한 달에 한

번 법회를 연다. 이렇게 검계의 일원이 된 김시동은 정원태와 함께 이시홍 일행과 정만일 형제 들을 검계와 미륵도의 향도로 끌어들이게 된다. 칠성암 큰재 때에는 미륵도라는 과육을 검계라는 중핵 위에 거죽을 싼다는 격식을 갖추어 여환이 미륵도의 종사를, 만신 계화가 수보살, 그리고 황회·정원태가 대덕을 맡았고, 최영길은 혜음령 상좌를, 정호명이 양주의 상좌, 정만일이 영평의 상좌, 전성달이 삭녕 상좌 등을 맡았으며, 파주의 묘옥이 수보살이 되었다.

무계를 짠 오계준은 원향이와 맞이굿을 열고, 여기에 참석한 여환·황회·전성달 등은 관재에는 공동대비를 하기로 하며, 유월이 되자 원향을 용녀 부인으로 모셔 오기 위하여 사선골로 가서 입국에 관한 모의를 하고 거사일자를 알려 주기로 한다.

김시동 집에 모인 정원태·황회·여환·중길·영길·시동·돌손 등은 대우기일을 7월 말로 정하고 통문을 돌린다.

7월 초부터 칠성암에서 여환의 지위로 거사를 진행하는 도중, 7월 12일부터 폭우가 몰려와 백성들이 대탄 대전리 벌판이 활방이라 하여 환난을 피하려고 모여들자, 여환은 거사기일을 18일로 앞당기나, 오계준은 가장 먼저 등을 돌리고, 병력 동원을 만류하는 김기의 주장에 따라 긴가민가하여 장길산이 대성 법주 이갑송을 찾아갔을 때, 풍열의 명이라 하여 승병마저 빠져 버린다. 오진암에서 작성한 결맹서는 휴지가 되고, 『장길산』 전9권에 걸쳐 엄혹하게 진행되던 예비 역모는 칼도 한번 뽑아 보지 못한 채 수포로 돌아가고 만다. 여환당의 역모를 앞뒤에서 직·간접으로 충동하였던 운부·풍열 등은 물론이고, 오계준·김기·장길산·대성 법주 등도 철저히 배신을 하고 만 것이다.

그러니까 황석영은 『장길산』을 통하여 엄혹한 사회변혁과 역성혁명을 형상화한 것이 아니라, 때와 경우에 따라 이럴 수도 있고 저럴 수도 있는 인물을 총동원하여 시국정담을 한 셈이다. 『장길산』에 등장하는 주동적 인물은 초월적 자유를 누리지도, 하늘에 사무치는 장부의 한을 지니지도, 자신의 말에 책임을 지지도 못하였다. 그들은 언제나 시속에 따라 변화와 변신을 일삼는다는 의미에서 현실적이다. 이러한 사실은 『장길산』의 결말 부분에서 주인공 스스로의 입을 통하여 확인되는데, 이것이 바로 작가 스스로의 사회변혁과 역모에 대한 세계관의 표출인 듯하다.

작가는 장길산의 입을 통하여, 이영창 역모사건에 운부가 관여된 사실을 다음과 같이 비판한다. 여환의 '미륵도의 난'이 실패로 끝나자 운부가 용화세상을 발설하고, 한양에 올라가 역모를 일으킬 것을 권한 이영창은 처음에 남인들과 접촉하였으나, 갑술환국 이후로 은을 모아 정권을 뒤엎으려다가 환로에 나가지 못하고 이용만 당하여 귀양에서 풀려 오거나 낙백의 세월을 보내고 있는 서인, 서얼, 중인 출신들과 더욱 가깝게 되었다는 것이다.

이러한 이영창의 행실에 대하여 장길산은 죽은 김기 이외는

글줄이나 아는 자들을 믿지 않는다고 말한다. 왜냐하면 그들은 먹을 것이 풍족하여 눈앞에서 굶주려 죽어 가는 혈족을 본 적이 없으며, 오직 저들이 노리는 것은 정병이요, 정사에 참섭하는 벼슬자리이기 때문이다. 또 어제는 동편에 붙어 환국을 도모하고, 날이 새면 다시 서편에 붙어 어제의 동류를 저버리니, 용화세상과는 거리가 멀다는 것이다.

위와 같은 일화는 여환의 역모사건을 환기시킨다. 운부가 여환을 선동질하여 역모의 자리로 내몬 것이나, 또 그가 이영창을 충동질하여 역모를 도모케 하는 수법은 동일한 것이다. 장길산이 무수한 실수를 반복한 김기를 과신한다는 것도 별반 설득력이 없을 뿐만 아니라, 이영창을 비판하는 부분도 사실상 자신을 겨냥한 화살인 셈이다. 문제는 식자들의 변혁이나 역모를 선택적으로 왜곡하거나 비판하는 데 있다. 같은 실수를 반복하는 유학 김기는 신뢰하면서, 이영창은 일방적으로 매도하는 데서 보는 바와 같이, 장길산의 세계관은 언제나 일관된 것이 아니라 시속에 따라 변화한다.

그렇다면 장길산이 신뢰하여 발원하는 용화세상이란 어떤 세상일까.


재물과 신분의 구분 없이 대동세상은 가장 천한 것에서 찾지 않으면 안 됩니다. 도대체 진인(眞人)이란 무엇입니까? 진인은 따로이 있는 게 아니라 역병에 쓰러져 가는 팔도의 백성들이 다시 살아 환호하며 춤추는 세상에서 서로 정을 주고받으

며 살아가는 모든 이가 진인이지요. 차라리 왕후장상의 씨를
새로이 만들 바에는 북관의 곳곳마다 널려 있는 무인지경으로
들어가 우리끼리 용화세상을 이루고 살아가는 것이 낫겠지
요.(……) 저희 활빈도는 참 활빈하려면 땅을 모두 빼앗아 갈
아먹는 이에게 고루 나누어 주어야만 합니다. 그 일이 근본이
요, 겨우 양곡이나 재물 등속을 빼앗아 나누어 주고 지방 수령
들이나 징치하는 것은 지엽말단이올시다. 근본이 서지 않는다
면 집정은 어느 쪽이나 마찬가지입니다. 저는 세상이 바뀌지
않더라도 저희 활빈도가 백성의 군사임을 알고, 참 용화세상
을 이루는 일을 끊임없이 벌이고 다닐 것입니다.[17]

장길산이 말하는 용화세상이란 관념적이고 추상적이어서,
황석영이 신뢰하는 현실주의와 맞닿아 있다. 장길산이 발원하
는 대동세상은 가난하고 신분이 낮은 천민세상에 바탕을 두고
있다. 대동세상에 살아야 할 진인이란, 신비의 너울에 숨겨진
초인이 아니라, 역병에 쓰러져 가는 팔도의 백성들이 다시 살
아 환호하며 춤추는 세상에서 서로 정을 주고받으며 살아가는
'모든 이', 즉 민중을 말한다. 이렇게 작가는 초인으로 격상된
진인을 민중으로 격하시키고 있다. '진인'을 받들어 '반정'이
나 '환국'을 할 바에는 북관의 무인지경으로 들어가 민중끼리
'용화세상'을 건국하겠다는 것이 『장길산』의 기본 발상법이

---

17) 황석영, 『장길산』 제10권 (창작과비평사, 1996년), 458~459쪽.

다.

이러한 황석영의 발상법은 고전적이며, 새로운 '유토피아'를 그려 낸 것이 아니다. 그것은 『홍길동전』에 나타나는 '율도국'이나 허생이 변산반도에서 도적 무리를 이끌고 들어간 '빈섬'과 별반 다름이 없다.

문제는 허균이나 박지원뿐만 아니라, 황석영까지도 '유토피아'를 썩은 세상과 일정한 거리를 둔 산간벽지나 섬에서 찾으려고 하는 도피 메커니즘이다. 이런 도피 메커니즘을 대동세상이나 용화세상의 본질로 보기는 힘들다. 세상 사람들은 위대한 부처가 산간에서 나오는 것이 아니라, 세속의 민중 가운데서 나온다고 믿고 있다.

『장길산』은 참된 활빈이란 권력층의 토지를 빼앗아 밭가는 이에게 돌려주는 것이라고 한다. 맞는 말이다. 아는 바와 같이, 농민에게 있어서 땅은 재물이요, 목숨이요, 신분인 셈이다. 땅과 일정한 거리를 두고 있는 천민들이 주된 인물로 등장하는 『장길산』에서 토지개혁 문제가 별안간 튀어나온 것은 새삼스러운 일이다. 적어도 토지개혁 문제를 다루려면, 소설의 주동적 인물이 농민이어야 하며, 처음부터 토지와 관련된 모순과 착취지배관계가 본격적으로 형상화되었어야 옳았다.

또 『장길산』에서는 부호의 양곡이나 재물을 빼앗아 가난한 이에게 나누어 주고 지방 수령을 징치하는 행위는 활빈의 본질이 아니라, 지엽말단이라고 한다. 맞는 말이다. 그럼에도

『장길산』은 이러한 범주를 크게 벗어나지 못한다. 지엽말단을 근본적으로 뒤엎기 위해서는 사회변혁과 역성혁명이 이루어져야 한다. 그러나 『장길산』에서 역성혁명은 성공하지 못한다.

그럼에도 불구하고, 장길산은 자신의 녹림당이 '백성의 군사'임을 자임하고, 참 용화세상을 실현하기 위하여 끝까지 일을 벌이고 다닐 것이라고 한다. 도대체 장길산이 끝까지 벌이고 다닌다는 일의 정체란 무엇인가. 활빈인가, 아니면 활빈을 빙자한 도적질인가.

옥여가 길산에게 "그러면 장 두령은 이번 거사에 동참하지 않겠다는 말이요?"라고 묻자, 장길산은 '북선의 활빈당은 물론이요, 팔도의 녹림당을 움직일 수 있는 신표'인 칼을 옥여에게 풀어 주며, "장길산이라는 이름을 버리고, 팔도의 활빈도라는 수많은 무리들만 남기려는 뜻"이라고 하였다. 이는 장길산이 앞으로 역모에 가담하지 않겠다는 뜻을 분명하게 전달한 부분이라고 할 수 있다. 또 옥여의 "한양에서 11월 중에 거사할 날짜가 정해지면, 대성 법주의 강원도 병력과 합대해 달라."는 요청에 대하여, 장길산은 서수라와 백두산 인근 일대의 광활한 무인지경으로 들어가 각처의 유민들과 더불어 다시 시작하겠다고 말한다. 이는 장길산이 역모를 포기하고 새로운 산채를 찾아 잠행하겠다는 뜻을 재천명한 것이다.

그리하여 소설은 장길산이 압록강변 벽동 수백 리의 골짜기 안에 깊이 숨었다고도 하고, 또는 두만강 하류 서수라의 광활한 숲과 호수 사이에 대부락을 이루고 살고 있다는 소문으로 끝을 맺는다. 여기서 '압록강변 벽동 수백리'나 '두만강 하류 서수라'는 장길산이 이리저리 옮겨 다닌 구월산이나 자비령, 또는 초천과 같은 산채에 불과할 뿐, 혁명기지나 유토피아가 아니다. 민중과 등을 돌리고 산채에 은신하여 역모를 도모한다는 것은 신뢰하기 어렵다.

과연 장길산 무리는 옥여가 확인한 바와 같이, 묘향산과 낭림산 일대의 병력과 운봉산 병력을 합대하여 북관을 휩쓸기도 하고, 날랜 북방마와 황색 바탕의 깃발로써 명화적으로 행세하였다. 또 병자년의 거사계획은 한양 선비의 고변으로 실패로 돌아가는데, 이는 여환의 역모사건을 다시 반복한 것이다.

대하소설 『장길산』의 서사는 장산곶매가 민중이 발목에 지어 준 매듭으로 인해 나뭇가지에 걸려 죽는 장면으로 시작된다. 여기서, 독자 대중은 태생적으로 지닌 무명과 인습, 인간의 굴레나 멍에를 벗어나 장천을 나는 장산곶매처럼, 해방된 민중이 사는 용화세상을 갈망하였다. 그러나 사회변혁과 역성혁명은 이러저러한 핑계로 터지고 뭉게지면서, 현실주의라는 앙상한 기대만이 눈앞에 남게 되었다. 결사 부분의 천불천탑 설화에서는 닭이 울었다는 한 노비의 거짓말로 용화세상의 건설이 무위로 돌아가고 마는데, 이는 실패한 영웅담이 독자 대중에게 절망감을 안겨 주는 것처럼 또 하나의 민중을 옥죄는 매듭으로 작용하고 있다.

이는 황석영의 현실주의적 세계관인 일종의 산문정신이 빚

어 낸 필연적인 결과였다. 즉 일상 속에서의 싸움 끝에 얻어진
사는 만큼의 체험이다.

# 5. 뿌리 이야기를 찾아서

그렇다면 『장길산』을 관통하는 현실주의 세계관은 어디서 비롯되는 것일까. 시대상황이 빚어 낸 불가피한 선택인가, 아니면 작가의 심층심리에 자리잡고 있는 세계관 때문일까.

천하의 황석영이 세계관이 잘못되었다거나, 시대의 억압 때문에 현실주의에 빠졌다는 가설은 오류로 보아야 마땅하다. 아는 바와 같이, 황석영은 1989년 방북을 결행하여 「사람이 살고 있었네」라는 충격적인 북한 방문기를 통해 북한의 현실을 일정하게 남한사회에 사실적으로 전달하였다. 그 뒤, 그는 독일과 미국에서 4년 동안 체류하다가 1993년 귀국하여 국가보안법 위반으로 무려 5년 동안이나 영어생활을 하였다. 이러한 황석영의 실천과 행동을 가만할 때, 그의 세계관이 왜곡되었다거나, 시대상황에 억압을 받았다는 논리는 오류로 보아야 한다.

그렇다면 이러한 황석영의 현실주의는 어디서 비롯된 것일까. 아마도 그 해답은 역사적 사실에서 찾아야 할지도 모른다.

『장길산』에 관한 실록의 공식적 기록은 숙종 18년(서기 1692년)에서부터 숙종 23년(서기 1697년)까지 5년에 걸쳐 모두 세 차례 나타난다.

먼저 보이는 기사는 숙종 18년 12월 13일 "도둑의 괴수 장길산을 놓친 고을 현감을 죄 주게 하다."라는 제하에 숙종이 대신들과 비국의 여러 재상들을 인견하고, 양덕 땅에 숨은 도둑의 괴수 장길산을 놓친 현감을 죄 주어 다른 고을들을 경계하도록 하는 대신의 청을 승낙하였다는 것이다.

그 다음으로 보이는 기사는 숙종 23년 1월 10일의 기록으로, 이영창 옥사사건이 일어났는데, 이절·유선기 등이 말하기를, "운부와 장길산이 결탁했으며, 나이가 70세인 운부는 송조의 명신이었던 왕조의 후손으로, 명나라가 망한 뒤 중국에서 표류하여 우리 나라에 도착한 사람으로, 위로는 천문을 통달하고 아래로는 지리를 통찰하였으며 중간으로는 인사를 관찰하여 재주가 옛날의 공명과 유기에 밑돌지 않는 사람이며, 팔도의 중들과 체결하여 승도 1백여 인을 얻어 불경을 가르쳤고 그 술업을 전수시켰는데, 그 중에서 뛰어난 자로는 옥여·일여·묘정·대성 법주 등이 있다."는 것이다.

또 같은 해 같은 달에 숙종이 이영창에 관한 초사(招辭)를 보고 나서 국청에 하교하기를, "극적 장길산은 날래고 사납기가 견줄 데가 없다. 벌써 10년이 지났으나, 아직 잡지 못하고 있다. 지금 이영창의 초사를 관찰하니, 더욱 통탄스럽다. 여러

도에 은밀히 신칙하여 있는 곳을 상세하게 하고, 별도로 군사를 징발해서 체포하여 뒷날의 근심을 없애는 것도 의논하여 아뢰도록 하라.”고 한 후, 은밀히 유시를 내려 도신과 수신으로 하여금 별도로 방략을 베풀게 하여 널리 기찰을 더하게 했으며, 비국으로 하여금 은밀히 군목과 포청에다 분부하여 후한 상과 높은 벼슬을 아끼지 않도록 하였다는 기록이 보인다.

　이상에서 살핀 바와 같이, 황석영의 현실주의 근거를 역사적 사실에서 찾는다는 것은 불가능하다. 황석영의 현실주의가 역사적 사실로부터 영향을 받았다거나, 억압을 받았다는 가설은 확실한 오류로 보인다.

　그렇다면 황석영이 살아 온 문화환경에서 빌미를 찾는다면 어떨까. 한국문화전통의 뿌리에 자리잡고 있는 운명적인 굴레, 한국인의 집단무의식 속에 자리잡고 있는 개인적인 이기주의와 자신을 보전하려는 기회주의가 황석영의 현실주의와 맞닿아 있는 것은 아닐까.

　물론 이러한 문제에 대하여 빠르고 짧게 답변을 찾아 낼 수는 없을 것이다. 그러나 이러한 엄혹한 현실주의의 뿌리를 찾아 내는 일은 한국문학 일반에 뿌리내리고 있는 패배주의와 허무주의의 정체를 규명하는 일이 될 것이다. 그리하여 아래의 글에서는 겨레의 심층심리에 자리잡고 있는 이야기의 뿌리를 찾아서 현실주의의 정체를 규명하여 보기로 한다.

## (1) 나누는 이야기의 뿌리

우리 나라에서 가장 오래된 글말 이야기의 보물창고는 말할 것도 없이 『삼국유사』일 것이다. 책에는 왕·귀족·승려·화랑·민중뿐만 아니라 산과 들판에 사는 짐승에 이르기까지 서로 베풀고 나누는 이야기로 가득 차 있다. 그 가운데 다음과 같은 세 가지 이야기를 살펴보기로 한다.

『삼국유사』 신주(神呪)조에는 혜통의 출가담이 실려 있다. 혜통은 신라 신문왕·효소왕 연간의 중으로 당나라 무외삼장 밑에 들어가 득도하고, 당나라 공주가 신병에 걸렸을 때 축귀를 하여 이름을 떨친 인물이다.

혜통의 집은 남산 서쪽 기슭인 은천동 어귀에 있었다. 어느 날 집 동쪽에 있는 시냇가에서 놀다가 수달 한 마리를 잡아 죽이고 그 뼈를 동산 속에 버렸는데 이튿날 새벽에 보니 그 뼈가 사라지고 없었다. 혜통이 핏자국을 따라 찾아가니 그 뼈는 수달이 전에 살던 굴 속으로 되돌아가서 새끼 다섯 마리를 안고 있었다. 혜통은 이것을 바라보다가 느낀 바 있어 탄식하고 망설이고 머뭇거리다 마침내 출가하여 그 때부터 이름을 혜통이라 하였다.

그리고 『삼국유사』 탑상(搭像)조에는 영취사를 세우게 된 일화가 실려 있다.

신라 진골 제31대 왕 신문왕 때인 영순 2년에 재상 충원공이 장산국 온천에서 목욕하고 성으로 돌아올 때 굴정역 동지야에 도착해서 쉬었다. 여기에서 문득 보니, 한 사람이 매를 놓아서 꿩을 쫓게 하자 그 꿩은 날아서 금악(金岳)을 지나 아득히 어디로 갔는지 알 수가 없었다. 이에 방울 소리를 듣고 꿩을 찾아서 굴정현 관청 북쪽 우물가에 이르니, 매는 나무 위에 앉아 있고 꿩은 우물 속에 들어가 있는데, 그 우물 빛은 마치 핏빛과 같았다. 여기에서 꿩은 두 날개를 벌려 새끼 두 마리를 안고, 매도 역시 그것을 불쌍히 여겨서 감히 잡지 않았다. 충원공은 이것을 보고 측은히 여기고 감동하는 바 있어 그 땅을 점쳐 물으니 절을 세울 만하다고 하여, 서울로 돌아와서 이 사실을 왕에게 아뢰어 그 고을 관청을 딴 곳으로 옮기고 거기에 절을 세워 이름을 영취사라고 했다.

또 『삼국유사』 감통(感通)조에는 중 정수가 국사가 된 일화가 실려 있다.

제40대 애장왕 때의 중 정수가 황룡사에 머물러 있었다. 그는 눈이 많이 쌓인 겨울날 저녁때 삼랑사에서 돌아오다가 천엄사 문 밖을 지나게 되었다. 그 때 한 여자 거지가 애를 낳고 누워 얼어 죽게 된 것을 보고 정수가 가엾게 여겨 안아 주었더니, 얼마 후에 그 여자는 깨어났다. 이에 그는 자기 옷을 벗어 그녀를 덮어 주고 알몸으로 절에 돌아와 볏짚으로 몸을 덮고 그 밤을 지냈다. 한밤중에 하늘에서 궁정 뜰을 향해 외치는 소리가 나거늘 "황룡사 중 정수를 마땅히 왕의 스승에 봉하라." 했다. 궁중에서 급히 사람을 보내 조사하여 왕이 이 사실을 알게 되었다. 이에 왕은 위의를 갖추어 정수를 대궐로 맞아들여

국사로 삼았다.

위에서 보는 바와 같이, 『삼국유사』에 실려 있는 서로 나누는 이야기의 주체는 중이나 귀족이며, 그 대상은 사람이나 수달, 꿩 같은 짐승으로 되어 있다. 또 서로 나누는 이야기의 핵심은 사람이 사람을 가엾게 여기고, 짐승이 짐승을 불쌍히 여기는 측은지심에 있다. 그리고 중 정수가 해산모를 구하는 이야기는 『장길산』에서 중 여환이 무당 원향을 구하는 이야기의 화소가 될 법하다.

『한국구비문학대계』 충북 편 권3에는 문둥이를 구하려고 자식을 가마솥에 삶다가 오히려 동삼을 얻었다는 이야기가 실려 있다. 조사자는 김영진이고, 이야기를 말한 이는 충북 영동군 용산면 구촌리에 사는 이철순(75세)이다.


삼대(三代)를 적덕가(積德家)로 효자가(孝子家)로 충신가(忠臣家)로 내려온 집이 있어. 그런 집이 있는데 하루는 이 사람이 늦은 봄새 됐던가 부자여. 마루 끝에 앉아서 노를 꼬구 앉았지. 앉았는데 어떤 사람 하나이 들어오는데 수건을 뒤집어썼는데 수건을 뒤집으니께 숭한 진문둥이가, 말할 수 없는 진문둥이여. 게, "어째 이런저런 모진 병에 저렇게 들렸느냐?" 하니께루, "제가 무슨 죄가 졌든지 이런 모진 병을 들려가지구 다시 곤치들 못하구 이라구 돌아댕깁니다. 그런데 들으니께 3대를 적덕가고, 3대 효자가고, 3대 충효가 충신가, 이런 집의 외동아들을 괴기를 먹어야만 이 병을 곤친다 합니다."

자기가 생각하니께 늦은 아들 하나 둔 것이 여나므 살 먹었는데 참말로 외동아들이란 말이여, 자기가. 남이 말하기를 3대를 그렇게 적덕가고 3대 효자가라고 일러 오는 집이란 말이여. 언뜩 생각에 적덕만 생각했단 말이지. 적덕만 생각하구선, ‘에— 이놈의 내가 저 병을 고쳐 줘야겠다.’고, 이 생각이 왈칵 들었단 말여. 그래 일꾼 보구서 인제, "가마솥에 물 끓여라."여 물을 펄펄 끓는데 큰 가마솥에다 물 퍼 넣구 끓인단 말여. 게 이놈이 사뭇 거기 앉았어. 물이 펄펄 끓자 보니께루 자기 아들이 삽짝거리서 달랑달랑 들어와. "너 이리 오너라." 가서 솥을 확 열어 놓고 서슴치 않고 그만 모가질 들구서 그만 거꾸로 들구서 갖다 집어 넣어 버렸네. 그리고 문을 탁 닫아 버려.

가만히 생각하니 기가 맥힌단 말이여. ‘이거 삼천지죄(三千之罪)이 무후위대(無後僞大)라는데 내가 저 자식 죽으면 다시 죄가 없는데 이런 죄를 졌단 말이야. 아풀사 내가 적덕만 생각했지 선조를 생각 못 한 사람이로구나!’ 그제는 후회막급이란 말이여. 그러다 보니께 그 곁에 앉었던 사람이 간 곳이 없어. 일흘불견이여. 게 혼자 앉아서 인제 걱정만 하고 있단 말여. 공연히 그랬다 싶은 생각이 나.

아 말하자면 가마솥에다 집어 넣서 삶 삶질만 하니께루 공중에서 고함 소리를 한단 말여. "그 동삼(童蔘)이 다 삶 삶어졌습니다. 솥에 동삼이 다 삶겼으니께루 그 동삼을 건저서 잡수시겨." 이렇게 한단 말여. 그래 쫓아서 서당을 쫓아가 보니께루 아 자기 아들이 글 읽구 앉았어. "이리 나오너라." 그래 가 보니께 참 솥을 열어 보니께 동삼일세그려. 그래서 적덕가에서 필유경(必宥慶)이라 적덕하니께 그래 됐드라 그거여.[18]

위에서 보는 바와 같이, 삼대를 덕을 쌓은 이가 지나가는 문둥이를 고치려고 여나믄 살 먹은 독자를 주저 없이 가마솥에 삶는 이야기는 서로 나누고 베푸는 이야기의 절정이라고 할 수 있다. 물론 문둥이를 구하려고 자식을 가마솥에 삶은 천심에 대하여 하늘은 동삼이라는 선물로 보답하였다.

이렇게 서로 나누고 베푸는 이야기는 조선시대에 이르면 보답 형태가 풍수지리에 바탕을 둔 '명당'을 주는 것으로 나타난다.

강릉에 김씨 성을 가진 한 선비가 집이 가난하여 노친에게 숙수도 제대로 드리지 못하니 노친께서 아들에게 말하였다. "너의 집안이 선대에는 본래 부자로 일컬어졌었다. 호남의 섬 가운데에 흩어져 살고 있는 노비가 몇 명인지 알지 못할 정도이니 네가 그 곳에 가서 추쇄하여 오거라." 말을 마치고 상자 속에 있던 노비문권을 내어 보여 주었다.

선비가 문권을 가지고 섬에 가니, 백여 호가 촌락을 이루고

18) 한국정신문화연구원 편, 『한국구비문학대계 3-4』(한국정신문화연구소, 1984년), 284~286쪽.

살고 있었는데 모두 노비의 자손이었다. 문권을 본 그들은 열을 지어 절을 올린 뒤 수천 금을 거두어 종살이를 면하였다. 선비는 문권을 불태우고 돈을 말에 싣고 돌아왔다.

돌아오는 길에 금강을 지나게 되었는데, 그 때는 달이 밝고 몹시 추운 때였다. 한 노옹과 노파 및 젊은 아녀자가 강변에 나란히 앉아 서로 다투어 물에 빠지려다가 서로 구출하며 붙잡고 통곡하는 것을 보고 선비가 괴이하게 여겨 물으니 노옹이 말하였다. "내게 외아들이 있는데 금영에서 아전 일에 종사하다가 포흠한 것이 거의 만석이나 되어 여러 달 동안 감옥에 갇혀 있습니다. 가산을 모두 팔고 또 족징, 인징까지 했는데도 아직 갚아야 할 돈이 많이 남아 그 돈을 다시 내일까지 갚기로 기한을 정했습니다. 만일 내일이 지나면 아들은 형장 아래 혼백이 될 것인데도 한 푼의 돈도 한 톨의 쌀도 마련해 낼 수 없습니다. 외아들이 형벌당하는 것을 보느니 차라리 물에 빠져 죽어 합연히 아무것도 모르고 싶었습니다만 늙은 아내와 젊은 자부도 함께 빠져 죽으려 하는지라 차마 물에 빠지는 것을 서로 보지 못하여 서로 구출한 뒤 더불어 통곡하고 있던 것이었습니다." 선비가 말했다. "돈이 얼마나 있어야 포흠진 것을 갚을 수 있소?" "수천 금이 있어야 감당할 수 있습니다." "나에게 노비를 추쇄한 돈이 몇 짐 있는데, 거의 수천 금은 될 것이오. 그것을 가지고 배상하도록 하시오." 즉석에서 돈을 세어 주니, 세 사람은 다시 대성통곡하며 말했다. "저희 네 사람의 목숨이 이로 인해 살 수 있게 되었습니다. 장차 어떻게 이 은

혜를 보답하겠습니까? 저희 집에 가서서 유숙하고 가십시오." 선비가 말했다. "날이 저물었으니 돌아갈 길이 급하오. 노모께서 문에 기대어 나를 기다린 지 이미 오래 되었을 것이니 머무르며 지체할 수 없소이다." 선비가 곧 말을 달려 뒤도 돌아보지 않고 갔다. 노옹이 급히 뒤쫓아가며 큰 소리로 말하였다. "행차의 거주성명을 알고 싶습니다." "알아 무엇 하겠소?" 말을 마치고 그는 말을 달려 가 버렸다.

세 사람이 드디어 선비가 준 돈으로 오래 된 포흠을 모두 배상하니 그 날로 아들이 감옥에서 석방되어 나왔다. 온 가족이 선비가 베풀어 준 은혜를 몹시 고맙게 생각하였으나, 그의 거주성명을 알 길이 없었다.

선비가 귀가하니 노친은 아들이 별 탈 없이 귀환한 것을 기뻐하였다. 또 그가 뜻하던 바대로 노비를 추쇄했다는 말을 듣고 더욱 기뻐하며 방량한 대가로 받은 물품을 어떻게 운반하여 왔는지를 물었다. 선비가 금강에서 있었던 일을 말하자 노모는 그의 등을 쓰다듬으며 말하였다. "역시 내 아들이로구나!" 후에 노모는 천수를 누리고 죽었다.

집안은 더욱 몰락한지라 초종도 어렵사리 치러 전혀 제 모양을 갖추지 못하였다. 김애가 지사 한 사람과 같이 걸어다니면서 매장할 산을 찾아다녔다. 두루 여러 산을 답사하다가 한 곳에 이르니 지사가 말하였다. "저 산기슭에 좋은 묘자리가 반드시 있을 것이지만 산 아래 촌락이 상당히 성대하고 게다가 큰 집마저 있는지라 더불어 의논할 수 없을 것 같습니다." 선비가 말했다. "과연 저 곳이 좋은 묘자리라면, 비록 산을 점유하기는 어렵다 할지라도 한번 가서 보는 것이야 뭐 그리 나쁠 것이 있겠소?" 마침내 지사와 더불어 그 산에 올라가 용맥을 찾았다. 지사가 어느 한 곳에 앉아 윤도를 띄워 보고 말하였다. "이 곳이 좋은 묘자리입니다. 공명이 현달하여 세상에 빛나기가 비할 바 없을 것이며, 자손들도 번성하여 나라와 더불어 같이 존재할 것이니 더없이 좋은 길지라 이를 만합니다. 그러나 이 곳은 큰 촌락 뒤로 연결되어 있으니 말한들 무슨 이득이 있겠습니까?" 이처럼 지사가 칭찬하기를 마지않으니 선비가 말했다. "비록 그렇다고 해도 날이 이미 저물었으니 저 집에서 유숙하고 가는 것이 무방하지 않겠소?" 드디어 지사와 함께 그 집에 들어가니 한 젊은이가 그들을 객실로 영접하였다. 저녁밥을 기다리면서 김애가 등잔을 마주하고 앉아 있으니 슬픈 심사가 가슴 속에 가득 차고 산지에 마음이 매여 깊이 탄식할 뿐이었다.

그런데 갑자기 안방에서 한 젊은 부인이 문을 열고 뛰어들어와 김애를 잡고 크게 통곡하였는데 숨이 급해 말을 하지 못하였다. 젊은이가 놀라 까닭을 물으니 젊은 부인이 말하였다. "이 분이 바로 금강에서 만났던 은인이십니다." 잠시 후 다시 선비를 붙들고 통곡하였다. 노옹과 노파도 그 말을 듣고 또 달려나와 김애를 껴안고 울었다. 울음이 그치자 네 사람이 김생 앞에 나란히 서서 절하며 말했다. "저희를 낳아 주신 분은 부모이지만 저희를 살려 주신 분은 어르신입니다. 낳아 주신 것

과 살려 주신 것이 어찌 차이가 있겠습니까?" 김생이 처음에
는 무슨 일인지 알지 못하고 당황하며 겁을 내었다. 주인 내외
가 금강에서 목숨을 살려 준 일을 자세히 이야기하였는데 이
야기가 정확하여 조금도 틀림이 없었다. 젊은이가 말하였다.
"당신이 아니었으면 저는 그 때 어육이 되었을 것이니, 돌아보
건대 어찌 오늘이 있었겠습니까? 그대의 높은 의리에 감격하
여 마음에 새겨 두고 있었습니다. 바깥채에 손님이 올 때마다
매번 문틈으로 엿보며 혹시 만에 하나라도 요행히 만나기를
바랐습니다만, 어찌 오늘 은인을 만나리라고 생각이나 했겠습
니까? 저는 그 때 살아서 감옥을 나온 이후 아전에서 물러나
촌에 거주하면서 온 힘을 다해 치산하여 이제는 부자가 되었
습니다. 가사와 전장을 두 곳에 배치하여 두고 한 곳은 제가
주인이 되었고 다른 한 곳은 당신을 기다려 주려고 한 것이 오
래 되었습니다. 지금 다행히도 하늘이 좋은 만남을 빌려 주시
어 해후하게 되었습니다. 만일 이 산에 하관하고자 하신다면
이 집을 초사로 삼으시어 거처하십시오. 그리하시면 저는 언
덕 너머에 있는 집으로 옮겨 거처할 것이니 오직 당신 뜻대로
하십시오." 김생은 거듭거듭 고맙다고 하였다.

　길지를 택하여 하관을 하였고 인하여 그 집에서 살았는데,
자손이 공경이 되었고 먼 후대의 손자들도 번성하여 부와 귀
를 아울러 갖추었다고 한다.[19]

---

19) 이월영 옮김, 『청구야담』(한국문화사, 1995년), 100~105쪽.

위와 같은 이야기는 조선사회의 가치관과 세계관을 대변한
다. 즉 베푼 만큼만 보답을 받는다든지, 또는 명당을 얻어 자
손이 현달하였다는 따위가 그것이다.

그렇다면 이제까지 살펴본 베풀고 나누는 이야기가 진정으
로 보시라 할 수 있는가. 왜냐하면 부처는 모습이 없는 보시가
진정한 보시라고 말한 까닭이다. 이미 베풀고 나눔으로써 스
스로의 마음에 응보가 있었거늘, 하물며 명예와 재물이 무슨
소용이란 말인가. 위와 같은 행위는 보시가 아니라 최소한을
베풀고 최대한으로 보답을 누리는 투기행위에 불과하다. 그럼
에도 이렇게 베풀고 나누는 이야기가 반드시 응보를 받는 이
야기로 꾸며진 것은 아마도 '방편 바라밀'을 강조한 까닭이
아닌가 싶다.

『장길산』이 중생과 민중이 서로 베풀고 나누면서도 결코 응
보를 그 결과로 형상화하지 않은 것은 바른 창작태도라고 할
수 있다. 소설 속 인물들이 서로 나누고 베풀면서 동무가 되고
동지가 될 뿐 명예와 재물을 탐내지 않고, 사람을 살리고 가난
을 구하는 길로 치달려 가는 것은 바른 태도라고 할 수 있다.

그러나 앞에서 밝힌 바와 같이, 민중이 서로 나누고 베푸는
행위는 임시방편일 뿐 본질적인 세상을 살아가는 길은 아니
다. 그리하여 먹을 것도 입을 것도 없고, 살지도 죽지도 못하
는 민중들은 부당한 현실에 맞서 역성혁명이라는 길찾기를 하
게 된다.

## (2) 맞서 버티는 이야기의 뿌리

### 1) 진사가 도둑 우두머리 된 이야기

향리의 토반 지식인 진사가 도둑 우두머리 된 이야기는 아래
의 따온 글에서 보는 바와 같이 모두 3편이다. ㄱ의 주인공 심
진사는 명문사족인데 진사에 오르고 나서 과거를 폐해 버렸
고, 음직도 구하지 않았다. 그는 말을 타고 경쾌하게 달리는
것을 좋아하였다. ㄴ의 주인공 김 진사는 선천 사람으로 신의
와 지략으로 이름이 있었는데, 역시 말타기를 좋아하였다. ㄷ
의 주인공 한 진사는 문장과 지모가 일도에 유명하여 장래 도
원수감으로 지목되고 있었다.

이들 주인공은 출사길에 나아가 현달하지 못하였으나 모두
문장과 지략을 갖춘 인물이요, 말타기를 좋아하는 등 용력을
갖춘 인물이지만, 현실적으로 어떤 불만을 가지고 있는지는
잘 드러나지 않는다. 다만 심 진사가 도둑 무리 가운데 끌려가
홍길동의 뒤를 이어 충의대장군이 되어 달라는 소청을 승낙하
며, "진작, 재주를 시험해 보려 하였다."고 말한 부분이나, 김
진사가 갑옷과 투구로 무장한 두 부장이 군례를 들이고 두 여
인이 마치 삼도도통제사 같은 군복을 입힐 때도 담담하였으
며, 한 진사가 도둑의 대원수가 되어 달라고 협박하자 오히려
'권도로서 중용을 얻는 것'이 현명하다고 생각하는 것으로 보
아, 그들이 모두 초야에 묻힌 선비로서 자신의 지모를 시험해

보려는 뜻이 있었음이 일치한다.

그러면 과연 그들이 도둑의 우두머리가 된 다음에 어떤 일을 하였는지 살펴보자.


ㄱ. 심 진사는 명문사족이었다. 창의동에 집을 짓고 살았는데, 성격이 호방해서 예법에 구애되지 않았다. 일찍이 진사에 오르고 나서 과거글을 폐해 버렸고, 또 구태여 남행으로 나가는 길도 구하지 않았다. 누가 혹 그 이유를 채근하면 다만 한 번 껄껄 웃고 말 뿐이었다. 특히 말을 타고 경쾌하게 달리는 것을 좋아했다. 당시 귀족 고관들 중에 좋은 말을 기르는 집이 있으면 반드시 사람을 보내서 한번 타 보기를 청하였다. 그들은 이미 심 진사의 명성을 배가 부르게 들었기 때문에 흔연히 애마를 내놓는 것이었다. 심 진사는 대로를 쉴 줄 모르고 멋대로 달리다가 말의 보품이 약간 늘어지는 기색을 보이면 곧 말께서 뛰어내리면서 "말이 지쳤군. 더 못 타겠다." 하고, 터덜터덜 걸어서 돌아왔다. 그리고 다시 찾아가거나 재차 요구하는 법도 없었다.

어느 날 평명에 한 하인이 날씬한 말 한 필을 끌고 심 진사 댁 대문 앞에 와서 말방울을 울리며 걸음을 연습시키는 것이었다. 심 진사가 마부를 불렀다. "저 말을 내 한번 타고 달리고 싶구나." 마부는 얼른 고삐를 내주었다. 말안장에 걸터앉아 고삐를 당기자 산허리 나무숲이 획획 지나갔다. 도성을 통과하고 고을을 지나가는 것이 한달음이었다. 해가 한낮이 되자 말은 조금 지친 듯해 보였다. 기정에 이르러 어느 지방인가 물어서 비로소 황해도 금천 땅인 줄 알았다. 마부는 말을 끌고 먼저 돌아갔고, 심 진사는 타관에서 단신으로 돌아갈 길이 아득했다.

그 때 관도에서 또 어떤 하인이 말을 걸리는 것을 보았다. 그 마부에게 말을 한번 타 보자고 청했다. 마부는 기다렸다는 듯이 "얼른 탑쇼." 했다. 심 진사가 말등에 앉기가 무섭게 말은 뛰어서 나는 듯이 달렸다. 마부가 뒤쫓으면서 채찍을 휘둘렀다. 오장이 뒤흔들리고 일신은 공중에 떠가는 듯, 급보를 전하는 역마를 방불케 했다. 말을 살살 몰라고 사정하고도 싶었지만 자신의 용명을 손상시킬 것이 싫었고 그렇다고 뛰어내리자니 몸이 상할 것이 두렵기도 해서 그냥 참고 닫는 대로 두고 보았다.

이윽고 말은 심산궁곡으로 들어가고 있었다. 만학천봉을 돌고 넘어 문득 길이 환하게 툭 트이었다. 길 옆에 붉은 제복의 군마가 대오를 정렬하고 서서 기마에 바꾸어 탈 것을 청하는 것이었다. 심 진사는 영문을 모르고 초행길의 촌색시처럼 하라는 대로 말에서 내려 가마에 올랐다. 가마는 8인교로서 얼룩표범의 껍데기가 깔린 것이었다. 가마 앞에 포성이 한 번 울리자 병장기와 기치가 좌우로 위엄을 보이었고, 그 자신에게는 군복이 입혀져 있었다. 심 진사는 회피할 길이 없는 줄 알고 아주 태연자약하게 당연한 자리에 앉은 양 행동했다.

산마루 하나를 더 넘어서자 아래로 광막한 들이 펼쳐진 곳에 만기(萬騎)가 늘어서 대오가 바둑판처럼 정연했고, 성루 방책이 철통 같고, 장막이 구름처럼 펼쳤으며, 창검이 번득였다. 가마 밑에서 군령을 전하는 화살이 날아가자 함성이 일어나 우레처럼 울려 마치 수만의 적병이 눈앞을 가로막는가 싶었다. 그 진벽 안으로 들어가자 장령과 연리들이 문안을 드리는 것이었고, 다시 가마에 타기를 청하였다. 오 리쯤 가서 금탕이 둘려 있고 치첩이 분벽과 같았다. 성 안으로 들어서니 인가가 즐비했고 시전이 연이어 있었다. 붉은 대문 셋을 통과해서 들어가니 널따란 수백 칸의 집이 제도도 굉장하고 화려했으며, 금벽이 으리으리했다. 아름다운 계집들이 둥그렇게 둘러서 심 진사를 맞아 모시고 마루로 올라갔다.

심 진사는 의젓하게 보탑에 올라앉았다. 우선 두령 한 명을 불러 물었다. "이 곳은 대관절 어떠한 곳이냐? 그리고 너희들은 어떠한 사람들인데 나같이 오활한 선비를 속여서 이런 꼭두각시놀음을 벌이고 있느냐?" 두령은 대답하기를, "여기는 지도에도 빠진 곳이며, 이 곳의 소임도 관부의 관할 밖이옵니다. 저희들은 동서남북 유랑하던 사람들로 배불리 먹고 마음 놓고 살기 위해서 구름처럼 몰려들어, 드디어 이렇게 일군을 이룬 것입니다. 불의의 재물을 빼앗고 빈곤하여 갈 데 없는 사람들을 받아들이는 것이, 우리가 일상 하는 일이지요." "그럼 너희들은 모두 녹림호객이로구나. 감히 국법을 무시하고 병기를 휘둘러 무고한 인명을 상해하면서 그만둘 줄은 모르고, 이제 나를 대장으로 추대하려는 것은 무슨 뜻이냐?" "이 산채는 홍대장 홍길동(洪吉同)으로부터 우금 백여 년을 내려왔습니다. 그 사이 역대 대장들이 모두 지모가 절륜한 분들이어서 군민이 안온히 지내 왔습지요. 그러다가 작년에 와서 전의 대장께서 작고하시자 군무가 계통을 잃었습니다. 저희들은 방방곡곡에 대장으로 모실 만한 분을 물색하였는데, 나으리보다 훌륭한 인재를 찾지 못했습니다. 그래서 감히 준마 한 필로 나으리를 금천까지 유치해서 다시 이 곳으로 모셔 온 것입니다. 나으리께서는 특히 이 곳 산채의 수많은 무리들을 사랑하시와 충의대장군의 인끈을 맡아 주옵소서." 심 진사는 침음 양구 끝에 철여의로 책상을 내리쳐 두 쪽을 내 놓고 소리쳤다. "진작 재주를 시험해 보려 하였다. 너희의 소청을 받아들이겠다." 모두들 환호성을 올려 기뻐하고 크게 잔치를 베풀어 자축하였다.

심 진사는 이로부터 조롱 속의 새, 어항 속의 물고기가 된 셈이었다. 성찬이나 포식하며 며칠 편안히 보내다가 하루는 두령을 불러서 물었다. "우리 인원은 총 몇 명이며 군량은 얼마나 비축되어 있느냐?" 심 진사는 두령의 자세한 보고를 듣고 화를 내었다. "양곡을 우리 인원에 맞춰 볼 때 기껏 수개월 양식밖에 더 되겠느냐? 왜 미리서 품하지 않고 가만히 있느냐?" 두령이 눈을 곱지 않게 뜨고 아뢰는 것이었다. "작고하신 대장은 경천위지의 탁월한 재능과 신출귀몰한 술수를 지니신지라 우리 나라 삼천리를 휩쓸어 민간 부호와 큰 고을 관부 중에 털어 내지 못한 곳이 없었습니다. 오직 합천 해인사와 호곡이 진사 댁, 함흥 성내만 남았습지요. 이 곳들은 좀처럼 엿보기 어려운 까닭입니다. 기타 주진 가운데 좀 큰 곳이나 촌리 중에 썩 부유한 곳이야 허다하지만 수고로이 탈취해 보았자 겨우 일 개월의 식량도 되기 어렵습니다. 이 궁리 저 궁리 해 보아도 실로 별 뾰족한 도리가 없기, 주달하옴이 지체되었습니다." 심 진사는 호통하였다. "모사는 내가 할 일이요, 시행하는 것은 너희들의 일이라. 네가 어찌 감히 어려우니 어떠니 하고 사설을 늘어놓느냐? 내 마땅히 아무 날에 해인사를 가서 치겠다. 전군에 알리되 말이 밖으로 새어나지 않도록 하여라." "해인사는 승도가 수천 명입니다. 전곡·포백이 산처럼 쌓여 있지만 방비가 철통 같고 중들이 활과 창검으로 무장하고 있답니다. 먼저 대장님의 신책 묘산으로도 엄두를 못 내신 곳입니다. 이제 천리길에 동병을 해서 위험한 땅에 몰고 들어가는 것은 대장이 군령을 빙자하여 우리의 생명을 모두 죽이려는 것입니다." 이에 심 진사는 대로하여 그 두령을 끌어다 당장 목을 버히도록 명했다. 좌우에서 아무도 응하지 않자 그는 스스로 칼을 뽑아서 그 두령의 목을 날려 버렸다. 일군이 일시에 숙연해졌다. 그리고 한 두령을 불러 명령을 내렸다. "너는 군중에서 얼굴이 끼끗하고 영리하며 일에 민첩한 자 30명을 뽑아 모두 관노 모양으로 복색을 차린 다음, 각기 준마를 타고 돈 2천 관을 싣고 먼저 해인사로 내려가라. 가서 아무 대군이 손(孫)을 보기 위해 몸소 내려오셔서 불공을 드리고, 또 향반을 배설하여 구경꾼들까지도 두루 대접한다고 말을 전하여라. 그리고 이 돈으로 향촉 등을 마련하고서 나를 기다려라. 착오가 없도록." 또 한 두령을 불러서, "너는 한 10일 기다리다가 이 노문(路門)을 가지고 해인사로 달려가서 다만 이렇게 말하여라. "대군께서는 주상께오서 굳이 만류하실 뿐더러 조신의 공론이 두려워 은밀히 내려오시니 인근 고을에도 모르게 하라."고. 그리고 본사의 지공은 일체 생략하라 하여 너그럽고 인자스러움을 보이도록 하여라. 역시 나를 기다리며, 착오가 없도록." 또 한 두령을 불러서, "너는 수십 명 두령들과 함께 복장을 선명하게 차리고 각기 준마를 타되, 그 중 한 명은 청지기 모양을 꾸미도록. 그리고 군중에서 키가 크고 얼굴이 표한하게 생긴 수십 명을 뽑아서 대군의 품복 및 쌍마교·청라개를 준비해 가지고 해인사 밖 50리 지점에 잠복해 있다가 내가 내려가는 것을 기다려서 즉시 바꾸어 탈 수 있도록 하여라." 여러 두령들은 군령을 받아 가지고 떠났다.

심 진사는 이러구러 10여 일 보내다가 몸에 복건도복을 하고 한 필 천리마에 올랐다. 합천 지경에 당도해서 추종들을 작정한 곳에 숨겨 두었다. 자신은 대군으로 변색하고 쌍마교에 올라 포장을 내리고 해인사를 밤중에 들어갔다. 중들이 모두 나와서 영접했다. 선방에 사처하였는데 병풍이며 휘장이 아주 화려했다. 주지승과 절의 일을 주간하는 여러 사람들을 불러보고 명일 밤에 설재(說齋)하기로 정했다. 소요되는 비용에 당해서는 모두 넉넉히 내주었다. 여러 중들이 둘러서서 보고 칭송이 대단했다. "어지신 대군님, 필연코 부처님의 법력을 보시리라."

 대군은 잡인을 금하게 하고 편히 자리에 들었다. 그리고 은밀히 한 두령을 시켜서 암암리에 절에 있는 남여(藍輿)의 의자를 부순 다음 감쪽같이 원상대로 꾸며 놓았던 것이다. 밖으로 보아서는 부서진 것인 줄 알 수 없었다. 이내 피로한 듯 깊이 잠이 들었다. 오경에 대군이 잠을 깨어 보니 마침 그 때 산 위의 달이 창문에 환하고 물 소리가 베개를 흔들어서 홍취가 도도하게 일어났다. 곧 창문을 열고 술을 가져오라 했다. 또 중을 불러서 물었다. "절의 주변에 수석이 정히 마음에 들 만한 곳이 없느냐?" "모처의 풍광이 가장 볼 만하옵니다." 그 대군은 옷을 걸치고 나서면서 말했다. "너희들 나를 그 곳에 안내하여 다오." 중들은 황망히 남여를 대령했다. 그는 부서진 남여인 줄 알고 있었기 때문에 조심해서 걸터앉았다. 여러 중들이 남여를 떠메고 나섰다. 수십 보 움직였을 때 그는 일부러 몸을 의자에 기대었다. 우지끈 의자가 부서지면서 밑으로 나가떨어졌다. 몸이 거꾸러지면서 길가에 나뒹굴었다. 중들이 구하려고 급히 달려들었을 때 이미 기절해서 인사불성인 듯했고, 의관도 모조리 망쳐 버렸다. 여러 사람들이 대군을 떠메다 방문 앞에 뉘었다. 급히 약물을 떠 넣고 옷을 말렸다. 한식경이나 지나서 비로소 정신을 수습했다. 일어나 앉기가 무섭게 천둥치듯 호령을 내놓았다. "나는 무품의 귀인이라, 나와서는 관찰사의 윗자리다. 이런 부자 절에 별성사자가 문턱이 닳도록 드나드는 터에 성한 교자가 하나 없단 말이냐? 필시 부서진 것을 대령해서 나를 떨어뜨려 상해하려는 것이렷다. 요행히 죽음은 면했으니 하늘의 덕이다. 허지만 이마가 깨지고 팔다리가 부러졌으니, 이 어찌 뜻하였으랴. 부처님께 공을 드리러 왔다가 일생의 고질을 얻어 가다니!" 여러 중들은 뜰아래 엎드려 변명도 못 하였다. 그는 해인사 중의 명부를 점고하여 일일이 잡아들였다. 한 명도 숨거나 빠져나가지 못했던 것이다. 삼끈을 가지고 단단히 동여매게 하고 만약 어기는 자는 그 자리에서 박살을 내겠노라 했다. 중들은 부들부들 떨면서 명에 복종할 수밖에 없었다.

이 때 누더기를 걸친 수천 명의 거지 떼들이 사방에 웅성웅성 구경하고 있었다. 이를 보고 시종을 시켜 물어 보았다. "너희들은 무슨 일이 있길래 이렇게 몰려들었느냐?" 거지 떼들이 일제히 아뢰었다. "나으리께오서 시주를 하옵시고, 다시 무차 대회를 베풀어 중생을 널리 풀어먹이신다기 불원백리하고 짝지어 왔습니다요." 그는 아주 측은히 여기는 투로 말했다. "내가 시방 사람이 될지 귀신이 될지 모르는 판에 무슨 경황으로 부처님께 공양을 드리겠느냐. 곧 돌아가야겠다. 너희들은 멀리서 얻어먹으러 왔다가 낭패를 보고 돌아가게 되니 허물이 실로 나에게 있구나. 내가 이번 공양하려던 돈 이천 꿰미를 너희들에게 주겠으니 공평하게 나누어 가져라." 하고, 돈을 뜰에 뿌렸다. 거지들이 다투어 주워서 돈은 삽시간에 없어졌다. 모두들 대군 만세를 부르며 축수하는 것이었다. 다시 말하기를 "내 너희들에게 명령할 것이 있다. 너희들 조금도 어려워하지 말아라." "끓는 물 속을 들어가라신들 어찌 거역하리까." "나는 지금 이 원한을 갚고야 말겠다. 이 수많은 중놈들을 다 죽일 수도 없는 일이고, 너희들 이 절간의 대소 집채를 이 잡듯 뒤져서 전곡 기물들을 닥치는 대로 양껏 지고 가거라. 말끔히 쓸어가 버려라. 흉악한 중놈들 버릇을 고쳐 주고, 또 너희 궁한 사람들은 형편이 좀 풀릴 것이다. 그러면 나도 의당 크게 응보를 받을 것이니 어찌 저 목우나 다름없는 부처에게 공을 드리느니만 못하겠느냐?" 거지 떼들은 환호성을 올렸다. "하랍시는 대로 하구 말굽쇼." 하고 벌떼처럼 선방으로 달려들어 깡그리 훑어 내었다. "너희들 내가 떠나기 전에 빨랑빨랑 도주하여라. 늑장부리다가는 땡중들이 나귀 타고 붙잡으려고 쫓을 것이다." 하고 거지들에게 타일렀다. 거지 떼는 일시에 구름처럼 흩어졌다.

그는 일부러 여러 시간 지체하다가 아침 햇살이 동창에 비칠 무렵이 되어서 출발했다. 백여 리를 달려 가마에서 말로 바꿔 타고 신속히 산채로 돌아왔다. 그 거지 떼는 산채의 군졸들로서 분장한 것이었음이 물론이다. 그들도 속속 산채로 돌아와 각기 털어 온 재물을 바쳤다. 백만의 재물이 쌓였으니 칼에 피 한 점 안 묻히고 얻은 것이었다. 여러 두령들이 비로소 심복하게 되었다.

수일 후에 한 두령이 "이번 군령은 어느 곳으로 향하오릴지?" 하고 물었다. "모일에 호곡을 치겠다." 두령이 그 어려움을 들어서 말했다. "그 곳은 안동 땅인데 삼면이 바위로 병풍을 둘러 깎아지른 절벽이 천길이랍니다. 날아가는 새조차도 넘어들지 못한다지요. 전면으로 외길이 뻗어 있는데 겨우 사람 하나 다닐 만하며 말을 타고는 못 간답니다. 그 마을 동구의 자라목 부분에 돌문을 달아 밤에는 닫고 낮에는 열고 하는데 쇠줄로 비끄러맨다지요. 그 돌문 밖으로 오솔길이 툭 꺼져 단애가 되어 말은 꼭 붙들고 끌고 가며 사람은 반드시 더듬더듬 기어오릅니다. 그 동네 이 진사 댁에는 과연 쌓인 곡식만도 십만 석이요, 돈에 비단 등속도 그만하다지만, 하인 수백 명이 갑옷을 입고 병장기를 들고 밤새 순찰을 돈다지 않습니까. 비록 등애가 면죽을 들어갔던 재주나 한양의가 등협을 파하던 용맹이 있어도 쓸데가 없습니다." 이 말을 듣고 깜짝 놀라 두령을 꾸짖어 내쫓았다. 그리고 비밀히 심복인을 파견해서 호곡의 동정을 정탐해 오도록 했다.

정탐꾼은 이런 회보를 가져왔다. "이 진사는 자녀 간에 손이 없다가 50에 자식을 보았습니다. 아직 어린 아기로 허약해서 병치레를 자주 한답니다. 요즈음 이 진사는 절에 가서 자식을 위하여 불공을 드리고 있습니다. 그래서 그 집안사람들이 방어를 더욱 삼엄히 하더군요. 집 주위로 납가새를 쌓아 놓았고 남녀 빠짐없이 신표를 쓰는데 신표가 없으면 도둑으로 본답니다." "일이 잘 되었다." 하고 심 진사는 기뻐했다.

그 스스로 큰 갓에 도포를 입고 하루 천리 가는 노새에 올랐다. 소매 속에는 향주머니와 상아부채, 구슬신을 간직하였다. 단 한 사람의 종자도 딸리지 않고, 노새에 채찍질하여 산채를 내려왔다. 며칠이 안 걸려 호곡을 당도했다. 지세가 과연 듣던 바와 같이 험난하여 도저히 쳐들어갈 길이 없었다. 날랜 노새가 걸음을 잘 해서 개울과 바윗길을 평지처럼 달려 곧장 이 진사의 마을로 들어갔다. 짐짓 이 진사가 집에 있는가를 물어 보았다. "멀리 출타하고 안 계십지요." 하인의 대답이었다. 심 진사는 매우 섭섭하여 어쩔 줄 모르는 표정을 짓고 한참을 마루 위에서 서성이다가 하인을 시켜 안으로 전갈하였다. "나는 댁 샌님과는 다정한 벗이다. 만나 보려고 예까지 찾아왔다가 주인도 못 보고 돌아가는구나. 아기도령이나 보고 잠깐 정회를 풀고 싶노라고 여쭈어라." 오래지 않아서 하인이 아기를 안고 나왔다. 심 진사는 아기를 받아서 무릎 위에 앉히고 아주 귀여운 듯이 어루만지면서, "허, 고 녀석! 고 녀석, 참 기특하다. 이 녀석이 요렇게 총명하니 이 친구 이제 걱정이 없겠다." 하며, 소매 속에 넣고 온 향주머니 등을 꺼내 아기의 옷자락에 채워 주고는 다시 안으로 들여보냈다. 하인은 자기 눈으로 본 대로 안에 가서 아뢰었다. 안주인은 대단히 좋아하며 손님이 바깥양반의 절친한 친구로 꼭 믿게 되었다. 그리하여 점심에 성찬을 대접했다. 심 진사는 식사를 들고 한동안 쓸쓸히 앉았다가 노새를 타고 나섰다. 동구 밖까지 나가다가는 문득 노새 머리를 돌려 되돌아왔다. 문전에서 노새를 멈추고 안으로 말을 전하였다. "내가 동구 밖을 나서는데 한 걸음 한 걸음 옮길 적마다 간절한 생각에 자꾸 뒤를 돌아보고 마음을 질정치 못하겠구나. 한 번 더 아기도령을 보았으면 싶다고 여쭈어라."

하인은 손님의 다정한 마음에 감격하여 다시 아기를 안고 나왔다. 노새 위에서 아기를 받아 꼭 껴안고 입을 맞추고 뺨을 쓰다듬으며 정에 겨운 듯하다가 하인을 불렀다. "너의 실내마님께 여쭙고 오너라. 아기도령의 얼굴이 핼쑥해 보이는데 근래 어디 아픈 데가 없었더냐고." 하인은 "예이－" 하고 안으로 들어갔다. 이 때 심 진사는 아기를 안은 채로 노새에 채찍을 가하여 비호같이 내달았다. 눈 깜짝할 사이에 종적이 묘연하였다. 하인이 복명하려고 나왔을 때는 손님과 아기가 이미 보이지 않았다. 온 집안이 통곡하며 급히 이 진사에게 기별했다. 이 진사는 아무런 단서도 발견하지 못하고 근심에 식음까지 전폐했다.

어느 날 하인이 아침 일찍 돌문을 열다가 편지 한 장이 떨어져 있는 것을 보고 주워 왔다.

"충의대장군은 이생 좌하에 글월을 보내노라. 무릇 땅이 재물을 낳음에 반드시 그 쓰임이 있고 하늘이 사람을 냄에 각기 먹을 것을 타고 난다 하였소. 그대는 곡식을 만 섬이나 쌓아두고 단 한 명의 곤궁한 사람도 구제하지 않았으며 전답 천묘를 차지하였지만 백년의 수한을 늘리지 못하고 마침내 한알 한알 피땀 어린 곡식의 알을 흙으로 돌아가 썩게 한단 말이오. 그대의 아들이 앙화를 받음이 이치에 마땅하리라. 그러므로 내가 신명의 뜻을 받아 납치해 온 것이오. 그대는 인생이 유수와 같음을 슬퍼하고 아들을 사랑하는 천륜에 마음이 쓰인다면 급히 더럽고 인색한 심보를 고쳐야 하리로다. 그리고 보시의

덕을 보이고자 할진대 그대의 가진 바 재산을 반분해서 아무 강변에 쌓아 두기 바라오. 그것을 운반해 오는 즉시 우리는 아기도령을 돌려보내겠소. 그대 스스로의 판단에 맡기오.”

이 진사는 편지를 읽고 나서 눈물을 흘렸다. “집의 재산은 결국 자손을 위한 것인데 자식이 없으면 황금이 만 상자가 있은들 무엇에 쓰랴.” 쌀 2만 석과 돈 10만 관을 약속한 처소로 은밀히 운반해 두었다. 이튿날 가 보았더니 전부 실어 가고 없었다. 이 진사는 약속을 어기는 것이 아닌가 하는 의심 속에서 5, 6일을 보냈다.

하인이 새벽에 돌문을 열다가 꽃가마가 정녕 땅 위에 놓인 것을 발견했다. 비단 휘장 속에 두 겹의 꽃무늬 담요에 싸여 아기가 있었다. 아기는 아주 고운 새 옷을 입고 있었다. 이 진사는 놀람과 반가움으로 아기를 덥석 껴안았다. “아이구, 내 자식아.” 하고 물었다. “이 녀석, 어디 갔다 왔느냐?” 아기의 대답은 대개 이런 말이었다. “저번 그 분이 말 위에서 날 껴안고 막 달렸어요. 한참 가서 가마로 바꿔 탔어요. 가마는 폭신하고 어떤 아줌마가 젖을 주데요. 며칠 밤낮을 가니까 어느 산골 동네가 나왔어요. 모두 내게 잘 해 주었어요. 먹을 것이랑 장난감이랑 엄마 곁에 있을 적보다 훨씬 좋던걸요. 일전에 말 탄 어른 수십 명이 나를 데리고 떠나 여기까지 와서 어둠 속에 돌문 밖에 나만 놓아 두고 갔어요.” 이 진사는 오히려 그 대장의 높은 의기에 감복했다.

산채에서는 군사 한 명 수고로움이 없이 거창한 재물을 획득

한 것이었다. 장졸들의 환호성이 우레같이 일어났다. 심 진사는 다시 군령을 발하였다. "모일에 함흥을 칠 것이다." 여러 두령들이 들어와 진언하기를 "함흥은 성곽이 고준하고 지세가 험난합니다. 순찰사 휘하에 3천 철기가 있으며, 부민은 수만 호를 헤아리고, 중군과 도사가 일익을 맡아 봅니다. 해인사나 호곡에 비할 곳이 아닙니다. 제발 서둘지 말아 주옵소서." "군령은 오직 행할 뿐 결코 어길 수 없는 것이다. 만약 다시 요망한 말로 군심을 현혹시키는 자 용서 없이 참하겠다." 두령들은 두말 못하고 물러갔다. 이에 두령 한 명을 불러서 분부하기를, "너는 군졸 중에 우둔한 자 50명을 뽑아 5개 분대로 나누어서 나무꾼으로 가장하고 함흥성 밖으로 가라. 나라에서 특히 엄중히 보호하여 가꾸는 숲이 다섯 군데가 있으니 아무 날 어둠이 깃들 무렵을 기해서 일제히 그 곳에 방화하라. 그리고는 불길이 높이 타오르기 전에 도주해서 산채로 돌아오라. 어기는 자는 참할 것이다." 다음에 또 한 두령에게 말하기를, "너는 군졸 가운데 일을 잘 하는 자 50명을 뽑아서 해상을 가장하고 대선 20척에 분승하라. 그리하여 산채 후면의 해안을 출발해서 영남 관동의 연안을 거슬러 올라가 아무 날까지 배를 함흥성 밖에 도착시켜야 한다. 말이 누설 안 되도록 주의하라." 이와 같이 두 길로 출발시킨 후 따로 3천 정예를 모았다. 이들은 혹은 관원의 행차처럼 꾸미고, 혹은 행상을 가장하고, 혹은 상여 행렬을 만들고, 혹은 거지 떼 모양을 차려서 삼삼오오 떠나보냈다. 날짜를 정하여 함흥성 밖 깊은 산 속의 후미진 처소로 집결케 한 것이었다.

그 날이 왔다. 과연 이고(二鼓)가 울렸을 때 성 밖에서 화염이 치솟았다. 성내는 물 끓듯 하였다. 관에서는 모두 후일의 문책이 두려워서 급히 불을 끄러 나갔다. 성내의 백성들까지 동원되었다. 성내에 남은 것은 부녀자와 아이들뿐이었다. 이때 심 진사는 두령 4명에게 지령을 내려 각기 수십 명을 거느리고 사대문을 접수하고 파수를 보되 관찰사의 명을 빙자하여 출입을 통제케 했다. 그리고 자신이 군사들에 병장기를 들려 성내로 진입해서 관청이나 민가에 축적된 재물을 모조리 약탈하여 해안으로 운반했다. 해안에는 이미 선박이 대기하고 있었던 것이다. 선박이 바다로 나아가 돛을 올리고 밤낮으로 계속 운항하여 산채 후편에 정박하였다. 선적된 화물은 실로 누거만이 되는 것이었다. 이에 소를 잡고 크게 잔치를 벌였다.

이튿날 새벽에 심 진사는 심복의 부하 한 사람과 준마를 골라 타고 산채를 빠져나와 자기 집으로 돌아갔다. 더러 누가 어디 갔다 왔느냐고 물으면, "팔도강산을 돌아다니며 산천경개를 유람하였네." 하고 입을 다물었다.[20]

ㄴ. 선천의 김 진사란 양반은 신의와 지략으로 이름이 있었다. 어느 날 한 미소년이 준마를 타고 와서 김 진사를 보고 말하기를, "공이 말타기를 좋아하신다기로 이 말을 가지고 왔습

20) 이우성 외 옮김, 『이조한문단편집』 하(일조각, 1978년), 30~43쪽.

지요. 의향이 있으시면 사십쇼." 김 진사가 그 값을 묻자, "제
가 시방 급한 일이 있어 고가를 받으려고 오래 기다릴 수가 없
습니다. 원컨대 공은 적당히 헤아려 주십시오. 허나 잠깐 타고
시험해 보신 연후에 값을 정해도 늦지 않을 것입니다."고 대답
하는 것이었다. 김 진사는 그렇다고 생각하고 그 말을 타고서
한길로 나왔다.

소년이 말굴레를 쥐고 채찍을 휘둘렀다. 말의 귀바퀴에서 바
람이 일어나며 빠르기가 나는 새 같았다. "이미 충분히 시험해
보았다. 말을 돌려라." 김 진사의 말에 소년이 대답했다. "말
을 시험하신다면서 삼십 리도 달려 보지 않는 것은, 사람을 시
험하실 때 1년도 써 보지 않는 것과 무엇이 다르겠습니까?" 삼
십 리를 지나서 김 진사가 "말을 돌려라." 하자, 소년은 또 좁
은 길과 험한 산골에서 시험해 보자 하며 말을 채쳐 산중으로
몰았다. 십 리쯤 가서 김 진사는 말했다. "말을 돌려라." "좀더
가서 돌려도 늦지 않습니다."

다시 십 리를 더 전진하자 사나이 5, 6명이 길에 엎드려 아
뢰기를, "좌석을 마련했사오니 청컨대 하마(下馬)하시와 주찬
을 드옵소서." 김 진사는 바야흐로 대도가 자기를 초치하려는
계교인 줄 알았으나 어찌할 도리가 없었다. 이에 말께서 내려
주찬을 들면서도 곡절을 묻지 않았다. 다시 말을 타고 50여 리
를 가자 또 숲 사이에 장막이 쳐 있었다. 침상이 놓여져 거기
서 자고 새벽에 다시 길을 떠났다. 백여 리를 가서 바라보매
한 골짝이 툭 트인 곳으로 고래등 같은 기와집에 삼문이 서 있

었다. 삼문 밖 십 리 되는 지점에 장막을 설치하고 병사들이 줄지어 검극을 번쩍이며 부복해 있었다. 갑옷과 투구로 무장한 두 두령이 그에게 군례를 드리고 하마하여 장막에 들기를 청하는 것이었다. 장막 안에 자색이 고운 두 여자가 있어 두 짝의 농을 열고 비단옷을 꺼내 그에게 입혔다. 복색이 마치 삼도도통제사와 같았다. 김 진사는 불문곡절하고 하는 대로 맡겨 두었다. 김 진사가 식사를 들고 나오자 건장한 말을 장식해서 대령하였으며 견마하는 자들도 의장을 갖추고 있었다. 말께 오르자 기치와 일산에 군악으로 둘러싸여 행진하였는데 호식하고 준마에 오른 병사들이 앞뒤로 열 쌍이 늘어섰다. 삼문으로 들어섰을 때 하마포가 울렸고 대청에 좌정하자 두 두령이 좌우에 시립하였고 두 여자가 옆에 모시고 있으면서 다담을 올렸다. 다담을 든 다음 두령이 장부를 들고 점호하는데 "예" 하고 절하는 자가 천여 명을 헤아렸다.

사흘이 지나자 두령이 한 커다란 책자를 올리는 것이었다. 그 책자는 조선 팔도 3백64 고을의 부자의 이름을 기록한 것이었다. 두 두령이 나란히 부복하여 아뢰었다. "저희는 부장(副將)입니다. 원컨대 영을 내려 재물을 모으도록 해 주옵소서." "너희는 나를 대장으로 삼으려느냐?" "그렇습니다." "그렇다면 하나같이 나의 명령을 따를 수 있겠느냐?" "그렇다뿐입니까." "그렇다면 나의 명령을 따르지 않는 자를 내가 죽이려 하면 어찌하겠느냐?" "감히 명대로 하지 않으리이까?" "옛날에 '도적이 서로 모이면 하루의 계책도 없다' 하였는데 너희들도 그러느냐? 하루의 계책도 없다면 어떻게 일생을 살아갈 계책을 꾀할 수 있겠느냐?" "소인들은 멀리 내다보는 지모가 없으니 대장께서 가르쳐 주옵소서." "지금까지 모아들인 재물 중 남은 것이 얼마나 되느냐? 필야 장부가 있을 것이니 그것을 곧 나에게 가져오너라." 두령이 나가서 돈과 양곡·비단·의복 등속의 장부를 가져왔다. 김 진사는 쭉 훑어보고 나서 말했다. "한갓 많이 취할 줄만 알았지 절용할 줄은 몰랐으니, 이야말로 밑 빠진 독에 물 퍼붓기 아니냐? 어느 때 충족해질 것이냐? 이제부터 내가 용도를 제한하겠는데 너희들 혹 나의 명령을 따르지 않겠느냐?" "누구 감히 명령을 따르지 않을 자 있겠습니까?" "그렇다면 의복 음식의 쓰임은 나의 명령을 준수하며 재물을 모아들일 때도 나의 명령을 따르되 좇지 않는 자는 모두 칼로 목을 버힐 것이다." "오직 대장의 명하심을 좇을 뿐입니다." 이날 밤에 김 진사는 군사들에게 크게 회식을 시켜 주었다.

두령이 김 진사에게 부호의 장부에다 점을 찍어 출동 명령을 내려 줍시사고 청하는 것이었다. 김 진사는 장부를 보고 백여 호에 점을 찍은 다음 큰 소리로 영을 내리면서 말했다. "남이 너희들의 재물을 빼앗아 간다면 너희들의 심정은 어떻겠느냐? 이미 너희 재물을 빼앗고 너희 몸을 살상하며 너희 집에 불을 지른다면 너희 마음이 더욱 어떻겠느냐? 나의 마음으로 남의 마음을 짐작하여 행동하는 것이 도리인 것이다. 이제부터 너희들은 부호의 재산을 빼앗을 적에 다만 그 반만을 취하고 삼가 전부 빼앗지 말 것이며, 조금이라도 사람을 해치지 말 것이며, 남의 집에다가 불을 지르지 말아라. 하나라도 이 금령을 범하는 경우가 있으면 그 전 대원을 목 베어 죽일 것이다."

드디어 용도를 제한해서 천여 인으로 하여금 간신히 기한 (飢寒)을 면할 정도로 하고 나머지를 창고에다 비축했다. 두령을 시켜 자세히 장부를 만들고 단속하도록 했다. 그리하여 3년이 지나매 비축된 것이 창고에 넘쳤다. 이에 두령에게 그것을 회계해 보도록 하였더니 매인당 돈은 2만 푼, 베 20필이 돌아갈 수 있었다. 김 진사는 즉시 군사들에게 크게 회식을 시키고 말했다. "너희들이 지금은 젊기 때문에 능히 빼앗아 와서 이처럼 풍족하지만 8, 9년을 지나 쇠하고 늙으면 그 때도 할 수 있겠느냐?" 모두 대답하기를, "참으로 그렇습니다." "그렇다면 지금 노쇠하기 전에 각기 돈 2만 푼과 베 20필을 나누어 가지고 고향으로 돌아가 살림을 시작해서 종신 편히 살 도리를 차리는 것이 어떻겠느냐?" "그래 주신다면 더없이 다행이겠습니다." 김 진사는 두령을 시켜 장부에 의거해서 하나하나 지급해 주었다. 그리고 또, 잔치를 열고 파한 다음 두령에게 말하기를, "이 두 여자는 처음 내가 출신을 물어 보니 모두 양반집 처녀로 고향이 하나는 충청도요, 하나는 전라도라 하는구나. 나는 애련한 마음을 이기지 못해 저들을 차마 더럽히지 않고 3년을 같이 지내는 동안 자녀로 대했으며 저들도 나를 아버지로 불렀더니라. 이제 너희들을 흩어 보내고 나 혼자 집으로 돌아가매 저들은 누구 미더운 사람에게 부탁해서 각각 저희 집으로 돌려보낼까 한다. 누가 미더운 사람이겠느냐?" 두령이 대답하기를, "전에는 군령으로 일을 했기 때문에 미덥지 못할 염려가 없었지만 지금은 모두 해산하여 군령이 시행될 곳이 없으니 누구 가히 미더운 자가 있겠습니까? 두 여자도 대장께서 인자하시고 의로우신 덕택에 3년을 모시는 동안 부녀 간을 맺어 다행히 몸을 깨끗이 지킬 수 있었으되 한번 이 산채를 벗어나면 딸려 보낸 자를 어찌 가히 신용할 수 있겠습니까?" 두 여자도 하소하기를, "이 말씀이 옳습니다. 그리고 장차 무사히 집에 돌아간다 하더라도 집안사람이 반드시 저희를 믿지 않아 저희는 버린 사람이 되고야 말 것입니다. 아버님께서 오직 저희들의 깨끗함을 아시오니 원컨대 아버님 댁에 따라가게 해주시고 또 자식으로 대하신 은혜를 끝까지 지켜 주옵소서." 김 진사도 한숨을 쉬며 탄식했다. "너희들 말이 또한 이치가 있구나."

김 진사는 드디어 두 여자를 데리고 자기 집으로 돌아갔다. 모두 자기 일가와 서로 믿는 친구 중에 적당한 배필을 택하여 두 여자를 출가시켰다. 성혼시킨 다음 각각 그들 부모 형제에게 편지를 써서 알리게 했다. 이들의 부모 형제가 다 와서 보고 또 곡절을 듣고 모두 감격해서 흐느꼈다. 그 후 김 진사가 세상을 뜨자 두 여자는 다 부친의 상으로 복을 입었다.[21]

---

21) 이우성 외 옮김, 위의 책, 51~56쪽.

ㄷ. 영남의 한 진사는 문장과 지모가 일도에 유명하여, 장래 도원수(都元帥)감이라 지목되고 있었다. 어느 날 초저녁의 일이다. 그 진사가 마침 혼자 앉아 있는데, 어떤 사람이 준마를 타고 건장한 하인을 거느리고 찾아왔다. 객이 주인에게 수작을 건네었다. "나는 만 리 밖 바다의 섬에서 왔소. 우리네 동지가 수천 명인데 천성이 양순치 못하여, 남의 지나친 이득을 빼앗고 남의 쌓인 재물을 실어온다오. 우리의 식량, 우리의 옷가지는 다 남의 것에 의지하고 있소. 대원수 일인이 있어 백사를 관장하고 거느리더니 이번 대원수께서 돌아가시어 막 초상을 치렀다오. 청유가 문득 비니 이를테면 용을 잃은 못이요, 범이 없는 산중이라. 3천의 도당이 해이해져서 기율을 잃었고, 농사꾼도 아니요, 장사치도 아닌 우리 생애가 막연합니다. 주인께서는 불세출의 지모를 품어 경세의 재주가 있다고 들었소. 오늘 내가 여기에 달리 온 것이 아니라 선생을 모셔다가 대원수 자리에 앉히려는 것이오. 선생은 뜻이 어떠신지 모르겠으나, 선선히 응하지 않을 시는 멸구를 해 버리는 것쯤 여반장입니다." 하며, 장검을 뽑아 들고 다가서 위협하는 것이었다. 진사는 속으로 생각하기를 '내가 깨끗한 사족으로서 도둑의 괴수로 투신한다는 것은 치욕이다. 그러나 장사의 칼날에 명색 없이 목숨을 빼앗기느니 잠깐 몸과 이름을 굽혀 목전의 화를 면하고 한편으로 흉악한 무리의 습성을 감화시키는 것이 어떠할지. 이 또한 권도로서 중용을 얻는 것이 아닐까.' 그는 드디어 쾌히 허락하였다. 이에 그 객은 즉시 자신을 소인으로 칭하는

것이었다. 객이 창 밖에서 기다리던 하인에게 분부하기를, "밖에 매어 둔 말을 대령하여라." 말 두 필을 끌고 왔다가 한 필은 밖에 매 두었던 것이다.

진사는 말에 올라 그 손과 말머리를 나란히 하여 집을 나섰다. 바람에 날아가듯 빨리 달려 곧 해구에 당도했다. 주홍칠한 큰 배 한 척이 대기하고 있었다. 말에서 내려 그 배에 올랐다. 배는 쏜살같았다. 배가 어떤 섬에 닿아, 뭍에 올라가 보니 성곽이며 누각들이 감영이나 병영을 방불케 했다. 거기서부터는 가마를 타고 전후의 옹위를 받아 어느 대문 안으로 들어갔다. 대청의 교의에 좌정하자 수천의 상하 장졸들이 차례로 현신을 하는 것이었다. 예식을 마치자 대다담이 나왔다. 다음날 조사 끝에 처음 맞으러 왔던 사람이 행수 두령으로 조용히 품하였다. "지금 도중에 재력이 고갈된 실정입니다. 처분이 어떠하올지." 대장은 이에 모종의 분부를 내렸던 것이다.

그 당시 전라도에 만석꾼 부자가 있었다. 그 집 선영(先塋)이 자기 집에서 30리 밖에 있었는데, 세도 재상가에 못지않게 선산을 잘 보호하였다. 어느 날 한 상주 일행이 그 산지기의 집에 들렀다. 상주의 뒤에는 복을 입은 이 두 명과 지관 두 명이 따랐으며, 안장마에 노복들을 거느린 품이 기세가 대단히 등등했다. 거실 대가의 구산 행차임은 일견에 틀림없었다. 산지기가 어디서 오신 분들인가를 물어 보았더니 과연 서울의 모 대감 댁 행차로 상주는 이미 교리를 하신 분이고, 복을 입은 이들도 역시 명사라고 했다. 이들 일행은 잠깐 쉬고 일어나서 모두들 산소 뒤로 올라갔다. 나침반을 제일 윗봉분의 뒤통수 한 금정의 땅에 놓고, 손가락질을 해 가며 한참 평론을 하더니 치표를 하고 내려오는 것이었다. 산행을 마치고 내려와서 좌정한 후에 행장에서 간지 4, 5폭을 꺼내 놓고 붓을 저어 편지를 썼다. 즉시 하인에게 편지를 주고 각기 모읍 모읍과 감영에 전하고 답장을 받아 오라고 시키는 것이었다. 그리고 산지기를 불러 "대감 댁의 친산을 아까 치표한 자리에 쓰기로 하였다. 저 무덤이 아무 댁 산소요, 네가 그 댁 묘지기인 줄 모르는 바 아니다. 이제 우리가 묘를 쓰고 못 쓰고의 여부는 피차간의 세력의 강약에 매였니라. 네가 상관할 바가 아니다. 장사는 아무 날 지내기로 정하였으니 술과 양식은 예비해야 할 것이다. 우선 30냥을 주니 이것으로 먼저 쌀을 팔고 술을 빚어 두고 기다려라." 하고 일행은 곧 떠나갔다. 산지기는 돈을 거절하려 하였지만 자기로서는 어찌할 도리가 없었다. 산주 댁에 달려가서 사정을 아뢰었더니, 산주인 만석꾼은 "저희가 비록 권세가라지만 내가 막는데 어찌 감히 묘를 쓰겠느냐. 장사를 지낸다는 날 이렇게 이렇게 할 터이니, 너희들은 어디 가지말고 기다리고 있거라." 하고 가소롭게 여기는 것이었다. 그날 이른 아침에 만석꾼은 집의 장정 7백여 명을 거느리고 산소로 올라갔다. 이들은 사방 십 리 안통의 작인들이다. 풍문을 듣고 모여든 사람이 또 5, 6백 명을 헤아렸다. 저마다 새끼줄한 바람, 몽둥이 하나를 들고 산소를 향해서 몰려들었다. 산에 가득히, 들에 총총히 박힌 것은 일단의 백의군이었다. 이들을 산상으로 인솔하였다. 산지기 집에서 장사시에 쓰려고 담은 술을 마시며 진을 치고 종일토록 기다렸다. 그러나 진종일 개미새끼 하나도 얼씬하지 않았다. 삼경 말이 되어서 멀리 만여 개의 횃불이 넓은 들을 덮고 밀려오는 것이 보였다. 상여 소리가 밤하늘을 울렸다. 형세가 마치 만기의 기병이 접근하는 듯했다. 그 행렬이 건너편의 산모퉁이를 돌아서 쉬는 모양이었다. 산상군은 모두들 신발을 단단히 묶고 몽둥이들을 둘러메고 용기백배하여 일전을 기다리고 있었다. 한식경이 지나서 떠들썩하던 소리가 점차 죽어 가고 불빛도 차츰 꺼져 가더니 이윽고 쥐죽은 듯 고요해졌다. 산상군은 수상한 생각이 들어 급히 사람을 보냈다. 과연 사람은 하나도 없고 횃불은 막대 하나에 여럿을 매단 것이었다. 이 사실을 들은 만석꾼은 비로소 크게 깨닫고 "아뿔싸! 우리 집 재산을 전부 도둑맞았다." 하고 급히 대군을 몰아 집으로 달려왔다. 과연 집의 전 재물이 털털 털리어 아무 남은 것이 없었고 다만 인명은 하나도 다치지 않은 것이 다행이었다.

위의 성동격서(聲東擊西)의 계교는 새 대장이 꾸며 낸 것이었음이 물론이다. 대장은 만석꾼의 재물을 털어 온 다음날 술을 거르고 소를 잡아서 군졸들을 크게 호궤하였다. 그리고 이번 걸음의 소득과 앞서 창고에 쌓인 재물까지 마당에 꺼내 놓고 회계를 맡은 자에게 그 숫자를 셈해 보도록 했다. 3천 명에게 분배를 하면 각기 백여 냥이 돌아갈 만한 것이었다. 대장은 이에 포유문을 돌렸다.

"사람이 금수와 다른 것은 오륜과 사단이 있음이다. 너희들은 왕화에 벗어난 무뢰한 백성들로, 멀리 섬에 잠복하여 부모 처자를 저버리고 나라를 배반하였구나. 일하지 않고 놀며 의식을 취하니 약탈해서 살아가고 도적질이 업이로다. 무리를 모아 작당을 한 것이 몇백 몇천이고, 재앙을 내며 적악을 한 것도 몇 년인 줄을 모르겠구나. 내가 여기에 온 것은 너희들의 악행을 돕기 위함이 아니고 너희들을 옳게 인도하여 선한 사람이 되게 하기 위함이다. 허물이 천이라도 고치면 귀하나니 이제부터 일심 개과천선하여 동서남북 각기 고향을 찾아갈지어다. 모름지기 우리는 부모를 봉양하고 조상의 무덤을 지키며 살 것이다. 성현의 교화에 젖어 선량한 백성으로 돌아감이 해상의 명화적에 대겠느냐? 하물며 너희들 각자에게 돌아갈 몫이 한 집의 가산에 족하니, 농사를 짓든지 장사를 하든지 밑천이 없다고 근심하랴."

이에 그 무리들은 일시에 머리를 조아리고 감격해서 "분부대로 거행하다 뿐이옵니까." 운운하는 것이었다. 그 중에 한두 놈 대장의 명에 불복하는 자가 있어 즉시 군령으로 참하였다. 성곽이며 건물들을 소각하고 삼천의 무리를 거느리고 바다를 건너 육지로 나왔다. 제각기 자기들 고향을 향하여 뿔뿔이 흩어졌다.

진사는 조용히 자기 집으로 돌아갔다. 한 달포 동안 집을 비웠던 셈이다. 이웃 사람들이 혹 와서 물으면 그 사이 서울을 다녀왔노라고 대답하곤 했다.[22]

충의대장군이 된 심 진사는 홍길동의 신책 묘산으로도 엄두를 못 낸 합천 해인사에서 지모를 써 칼에 피 한 점 묻히지 않고 백만의 재물을 턴 다음, 안동 이 진사의 아들을 납치하여 쌀 2만 석과 돈 10만 관을 털었으며, 또 나라에서 가꾸는 숲에 불을 놓아 함흥 군민을 유도한 후 관아를 털어 재물을 해안으로 운반하였다. 심 진사는 이렇게 세 차례에 걸친 큰 도둑질로 자신의 지모를 시험한 다음 아무렇지도 않게 고향으로 돌아온다.

심 진사는 안동 이 부자의 아들을 납치하고, 협박하는 글에서 보시를 요구하였으나, 심이 정작 민중을 위하여 재물을 어떻게 썼는지는 잘 드러나지 않는다.

도둑 우두머리가 된 김 진사는 도둑들에게 절약과 비축하는 법을 가르치고, 도둑 1인당 돈 2만 푼, 베 20필이 돌아갈 만한 물품을 3년 동안 모았다. 김 진사는 크게 잔치를 베푼 다음, 도둑들에게 더 늙기 전에 돈과 베를 가지고 고향으로 돌아가 농사짓기를 권하고, 김을 3년 간 수발을 들었던 두 여인을 양가에 출가시켜 주는 등 유민들에게 유가의 질서를 실천한다.

수적의 우두머리가 된 한 진사는 성동격서의 지모로써 전라도 만석꾼 부자의 전 재물을 털고, 3천여 명의 도둑에게 백여 냥씩 나누어 주어 고향에 돌아가 농사를 짓게 하는 등 권도로서 중용을 실천하는 시험을 하여 본 뒤, 고향으로 돌아와 조용

22) 이우성 외 옮김, 위의 책, 57~61쪽.

히 지낸다.

이와 같이 조선 향반의 지식층인 심 · 김 · 한 진사 등은 썩어 빠진 나라를 엎어 버리고, 새로운 나라를 세워 백성을 편안케 하려는 근본적인 시책을 시험한 것이 아니라, 조선사회의 유가질서를 재확립하는 먹물도사 수준에 머물러 있다.


## 2) 글 아는 이가 도둑 우두머리 된 이야기

글 아는 이가 도둑 우두머리 된 이야기는 갈처사와 김단의 이야기가 대표적이다. 갈처사는 낙백한 선비로 초야를 떠돌다가 우연히 도둑의 우두머리가 되었고, 김단은 남의 집 하인으로 서당에서 놀며 글을 배웠으나 세상에 쓰임을 얻지 못하여 명화적이 되었다.

갈처사는 성명도 거주도 알 수 없는 인물이었는데, 언제나 갈포를 걸치고 다녔기에 사람들은 그를 갈의거사 혹은 갈처사라 불렀다. 그는 용모가 단정했고 담론이나 골계를 잘하였으나, 빈한하여 가정조차 이루지 못하고 팔도명산을 두루 유람하고 다녔다. 호남을 유랑하다 도둑이 되어, "대장부 명색이 좀도둑질이나 하고 묻혀 있을 것인가. 세상 사람들에게 나의 행동이 녹림호걸임을 알려야 하겠다." 하고, 일당을 재편하여 스스로 우두머리가 되었다.

김단은 이씨 집안의 하인이었는데, 매일 양반집 자제들을 따라가 서당에서 놀아 글을 읽고 쓸 줄 알게 되었으며, 15~16세에 산 속에 들어가 도적이 되었다.

함경도 감사를 지내는 양파를 찾아가던 동학은 회양에서 산중으로 납치되어, 머리에 총립을 쓰고 남색 운문단 철릭을 입은 8척 신장의 위풍이 당당한 도둑 괴수가 된 친구를 만났다. 그는 벌써 정태화와 함께 글을 읽을 때부터 좁은 나라에 태어나서 세상을 둘러보아도 용신할 곳이 없으니 차라리 도둑의 괴수가 되겠다는 소회를 밝힌 바 있으며, 탐관오리의 재물은 반드시 탈취한다고 밝히는 것으로 보아 좀도적은 아닌 것 같다.


ㄱ. 갈처사는 거주성명도 알 수 없는, 대저 기인이라 할 인물이었다. 평생 춥거나 덥거나 언제 보아도 갈포(葛布)옷 한 벌을 걸치고 갈아입는 법도 없었다. 그래서 사람들이 '갈의거사' 혹은 '갈처사'라 불러, 이로써 별호를 삼았던 것이다. 갈처사는 용모가 단정하였고 담론이나 골계를 잘하였다. 나라가 평온할 시절에 당쟁이 더욱 치열하여 기이한 재주를 품고 시속을 슬퍼하여 비가를 부르며 낙심한 무리들이 위기에 목을 움츠리고 세상을 피해 망명하였으니, 초야에 떠돌며 일생을 마친 사람도 많았다. 갈처사가 곧 그러한 부류였다. 갈처사는 궁하여 살아갈 도리를 차리지 못하였으며 가정조차 이루어 보지 못하였다. 강개한 마음으로 팔도 명승을 두루 유람하고 다녔다.

괴나리봇짐에 죽장으로 산천을 돌아다니다가 우연히 길에서 도둑을 만났다. 도둑들은 폐포파립을 수상하게 보고 보따리를 빼앗아 풀어 보았다. 보따리에서 나온 것은 허름한 옷과 버선 짝 몇 개가 고작이었다. 도둑들은 그의 신세를 처량하게 보고 끌고가서 입당을 시켰던 것이다.

갈처사가 도둑이 된 지 한 해 남짓해서 도둑질에 능수가 되었다. 남의 집 농중을 털고, 쇠통을 따고, 들보 위를 기고, 벽에 구멍을 뚫는 등 세상 못하는 일이 없었다. 이윽고 혼자 탄식하기를 "내가 불행히 도둑으로 떨어졌지만 대장부 명색이 좀도둑질이나 하고 묻혔을 것인가! 세상 사람들에게 나의 행동이 녹림호걸임을 알려야 하겠다." 하고, 일당을 다시 편성하여 각 구역을 나누어 맡기고 스스로 두령이 되었다. 그리고 계략을 주어서 군읍을 횡행하고 여항의 재물을 탈취하니 온 도내가 소란하였다. 호남의 관교들이 힘을 기울여 추적하고 사방에 그물을 치듯 기포를 민완하게 하였지만 잡아 내지 못하였다.

갈처사가 문득 관가에 출현하였다. "내가 소위 갈처사다. 나 한 사람 때문에 무고한 사람들이 많이 걸려든 줄 알고 내 발로 법의 심판을 받으러 왔노라." "너만한 신수로 무슨 일을 못하여 하필 강도질을 행하느냐? 이미 국법을 범하였으니 죄가 마땅히 용서를 받을 수 없다."

갈처사는 입을 크게 벌려 껄껄 웃고 대답했다.

"자고로 이르되 대도는 나라를 훔치고 소도는 금전을 훔친다 하였소. 어찌 나만 강도요? 지금 세상은 온 나라 사람이 다 도둑인 줄로 아오. 소위 조정의 대관은 임금의 총명을 가리고 권세를 도둑질하여 자기 당은 편들고 그렇지 않은 사람은 배척하니, 자제 친척이 화직과 요직에 별처럼 박혀 있고 충신호걸이 막다른 골목에서 불우하게 지내지 않소. 생민을 도탄에 빠뜨리고 나라를 위태롭게 해 놓고도 오히려 부귀영화를 누리고 형벌이 미치지 않으니 이것들이야말로 진짜 강도의 괴수가 아니고 뭐요.

그 다음 여우처럼 꼬리를 살랑살랑 흔드는 무리들, 세도 권문에 아첨을 떨어 요행으로 감사·병사·수령 자리나 하나 걸리면 가렴주구를 일삼아 불법을 자행하여 백성의 어육을 바르고 고혈을 짜서 자기의 보따리에 기름을 채우는 무리들, 기강을 문란케 하여 토지와 저택을 광대히 독차지하고 뇌물을 공공연히 상납하되 형벌이 내려지기는커녕 도리어 높은 지위 풍성한 자리로 승천하게 되니 이것들은 강도의 졸도가 아니고 뭐요?

그 다음은 토호들의 무단이오. 양반을 자세하고 잔약한 백성을 토색하고 제멋대로 행패를 부리지만 관리라는 것들이 감히 어쩌지 못하니, 이것들은 강도를 바탕으로 되풀이 죄를 범하는 놈들입니다. 그 다음 각영(各營) 각사(各司)와 밖으로 각부(刻符) 각군의 서리(胥吏)로 종사하는 자들, 무문농필하며 주구가 끝이 없어 무리한 수령과 무명의 색전으로 백공천창이라. 폐단이 한둘이 아니지만 관에서 이들에게 죄를 내리는 법이 없으니 이것들은 강도의 힘을 믿고 개구멍을 뚫는 자들이 올시다.

　그밖에 자칭 산림학자(山林學者)라는 자들이오. 큰 갓에 넓은 도포로 공수를 하고 느릿느릿 걸으며 무릎을 꿇고 앉아 근사록(近思錄) 정주서(程朱書) 등을 읽어 세상을 속이고 이름을 도둑질합니다. 남대 좨주(祭酒)의 직으로 성은이 두텁게 내리지만 기실 무용지물들이오. 이것들은 강도를 응원하는 자들이라.

　그러니 세상이 온통 강도로 꽉 찼지만 법은 행하지 못하고 형벌이 베풀어지지 않거늘 유독 우리만을 가리켜 강도라 하다니! 나의 옷을 보우. 여름이나 겨울이나 사지장철 이 갈포옷 한 벌뿐이라오. 찢어진 삿갓에 헌 짚신, 괴나리봇짐에 죽장, 이것이 내 일평생의 행색이라오. 옷은 몸을 가리면 족하고 음식은 배를 채우면 그만입니다. 어찌 금의옥식만이 꼭 귀하리오. 빈궁한 백성이 매양 배고픔과 추위에 쫓기다가 만부득이 도둑으로 나섰다오. 그러하나 잔인하고 박덕한 짓이 대장부의 행할 바이리오. 부하를 경계시켜 부호가에 남아도는 재물이나 취하여 생계를 삼고 더러는 빈민도 구제할 따름이요, 일찍이 분에 넘치고 이치를 어긴 일이 없었소. 이러매 세상에서 나 갈처사를 가리켜 의적이라 한답디다. 내 만약 죽음을 두려워할진대 어찌 스스로 관문에 나타났겠소. 오로지 밝은 심판을 기다릴 뿐이오. 다른 말은 듣기를 원치 않소."

　이에 관에서 의리로 타일러 일당을 거느리고 귀순할 것을 청

하였다. 갈처사는 표연히 떠나가서 다시 소식이 없었다. 그 후
호남 일대에 도둑의 소문이 아주 끊어졌다 한다.[23]

　ㄴ. 해서의 림꺽정은 명종시 대적이었다. 성을 쌓고 소굴을
이뤄 일시 서로의 우환이더니 관군을 대발 토벌하여서 가까스
로 소탕되었다. 남원에 옛날 백용이란 자가 있어 또한 큰 도둑
이었다. 우둔산과 숙성이치 사이에 거점을 잡고 있어 지리산
밑이 거의 도둑의 소굴이 되다시피 하였었다는데 다행히 섬멸
되었다.

　지난 무신년 역변이 일어나기 전에 명화적이 각처에서 봉기
하였다. 대개 숙종 말엽부터 그런 일이 나타났는데 호남의 태
인·부안 등지가 더욱 심하였다. 명화적은 혹 깊은 산중에 숨
어도 있고 혹 대촌에 버젓이 살면서 양반을 겁박하거나 부녀
자를 약탈하고 떼지어 다니며 횡행하였지만 관리들이 손을 쓰
지 못하였던 것이다.

　"박필현(朴弼顯)이 대역을 꾀할 적에 날랜 병졸 3천을 몰래
양성하였으니 명화적이 곧 그것이다. 역옥(逆獄)이 일어나 역
적들이 차례로 주살되고 나서 명화적은 40년이 지난 오늘에
이르도록 다시 나타나지 않았다. 이것이 그 증거이니 명화적
이 무신 역적과 상응하였음을 알겠다."

　우리 고을에 전에 김단이란 사람이 있었다. 이씨 집의 하인

23) 이우성 외 옮김, 위의 책, 80~83쪽.

이었는데 어려서 영리하여 나무를 하고 풀 베는 일은 않고 매일 양반집 자제들을 따라가 서당에서 놀았다. 그리하여 제법 글을 소리내어 읽고 문자도 알게 되었다. 나이 15~16세시에 문득 어디로 종적을 감추고 말았다.

그리고 십 년 후의 일이었다. 그 동네의 한 양반 노인이 팔량치를 넘어가다가 일모에 길을 잃고 도둑에게 붙잡혀 끌려갔다. 4, 5십 리를 들어가 깊은 산 속의 한 곳에 다다르니 인가가 즐비하였다. 가운데 관청과 같은 큰 집이 섰는데 대문이 여러 겹에 도둑이 우글거렸고 등불이 대낮같이 환하였다. 대장의 처소였던 것이다. 대장은 노인이 잡혀 오는 것을 바라보더니 문득 뜰 아래로 분망히 뛰어내려와 결박을 푼 다음 손목을 잡고 대청으로 모시고 올라가서 무릎을 꿇고 말하는 것이었다. "소인을 모르옵니까? 한 동네에 살던 김단이올시다." 노인 역시 크게 놀라 물었다. "어떻게 여기 와 있느냐?" 김단은 한동안 흐느끼다가 입을 열었다. "살아서 세상에 한번 장부의 뜻을 펴볼 날이 없겠기 답답한 마음에 잘못 이 곳에 들어왔지요. 대장부가 만약 당세에 쓰임을 얻는다면 누가 이 지경이 됐겠소." "도로 양민이 되지 않겠느냐?" "세상에 한번 나가면 신분에 구애를 받고 원님은 묶어 가려고 덤벼들 터인데, 차라리 산적이 될지언정 영영 돌아가지 않으려오." "네가 이러고 있다가 함부로 인명을 상하지 않겠느냐?" "무고한 사람을 살상하다가는 반드시 천벌을 받으리다. 소인은 부하들에게 엄명하여 다만 부자의 재산은 반분하고 탐관오리의 재물은 몰수케 합니

다. 사람을 즐겨 죽일 리가 있습니까?" "필경 벌을 안 받겠느
냐?" "한 사람도 무고히 살상하지 않으면 소인도 형벌에 죽지
않으리라 믿습니다." 김단은 이내 그 노인을 내려가도록 하였
다. 돌아오는 길에 도둑이 잠복해 있는 처소를 지날 적마다 조
그만 종이 전단을 제시하면서 무사히 돌아올 수 있었다.[24]

ㄷ. 정양파가 친구 두 사람과 절간에서 글을 읽고 있었다.
어느 날 서로 품은 뜻을 이야기하다가 각기 평생의 소망하는
바를 털어놓게 되었다. 그 중 한 친구는 벼슬을 바라는 바 아
니고 산명수려한 곳에 살며 산수로 평생을 자오하는 것이 소
원이라 하였고, 다른 한 친구는 입을 열지 않았다. 양파가 재
촉하기를, "자넨 왜 말이 없는가?" "나의 소망은 자네들과 크
게 다르이, 묻지 말아 주게." 두 사람이 끈덕지게 채근해서야
입을 떼었다. "내가 불행히 편소한 나라에 태어나서 세상을 둘
러보아도 용신할 곳이 발견되지 않네. 차라리 내 멋대로 놀아
도둑의 괴수나 될까 보이. 심산궁곡으로 들어가 수만의 부하
를 거느리고 불의의 재물을 빼앗아 양식을 삼고 산간을 횡행
하여 가동·무녀를 앞에 늘어 세우고 산해진미를 입에 싫증나
도록 먹으며 살까 보네." 두 사람은 껄껄 웃으며 말이 의롭지
못함을 책하고 말았다.

그 후 과연 양파는 급제하여 영상에 이르렀고, 산수를 벗하

---

24) 이우성 외 옮김, 위의 책, 19~21쪽.

며 살아가겠다던 친구는 포의로 늙었으며, 다른 한 친구는 부지거처가 되었다. 양파가 함경도의 감사로 있을 때의 일이었다. 포의로 늙어가는 사람이 궁하여 지내기 어려운 형편이라, 동창의 정의를 믿고 도보로 구걸길을 나섰다. 함경도를 향하여 가는 발길이 회양 땅에 닿았다. 문득 한 건장한 사나이가 준마 한 필을 대령하고 맞이하는 것이었다. "소인이 사또의 장령을 받들어 여기서 기다린 지 오랩니다. 주저 마시고 어서 타십쇼." 포의는 이상해서 물었다. "너희 사또는 누구시며, 어디 계시느냐?" "가시면 자연 아시리라." 포의가 말에 오르자 비호처럼 달렸다. 점차 깊은 산협으로 들어가서 밤에도 쉬지 않고 횃불을 밝히고 걸었다. 무슨 영문에 어디로 향하여 가는지도 모르고 다만 그 사나이의 말을 따라갔던 것이다.

명일 오정에 어느 동구로 들어섰다. 심심산중에 인가가 즐비하였다. 그 중 붉은 대문 앞에서 하마를 하여 세 겹의 대문을 들어갔다. 한 사람이 섬돌 아래 서서 기다리고 있었다. 머리에 총립을 썼고, 몸에 남색 운문단 철릭을 입었고, 허리에 홍대를 매었고, 발에 흑화를 끼었다. 신장이 8척에 얼굴은 관옥이요 하목해구로 의표가 당당하고 위풍이 늠름하지 않은가. 이 사람이 포의의 손을 잡고 함께 섬돌을 오르며 말했다. "자네 별래무양한가." 포의는 처음에는 그가 누군지 통 알 수 없었다. 좌정한 후에 자세히 보니 절간에서 같이 글을 읽을 적에 도둑괴수가 소원이라던 그 친구였다. 깜짝 놀라, "우리가 산사에서 작별한 이후로 자네의 종적은 통 알 길이 없더니 오늘 여기서 만나다니……." 하고 소리쳤다. "내가 전에 말하지 않던가. 이 제 나의 뜻을 이루었네. 세상의 부귀가 나는 부럽지 않으이. 누군들 세상에 나아가 공명을 이룰 뜻이 없겠는가. 허나 운명 이 남의 손끝에 매여 일평생 몸을 사리고 승영구구지태로 살아야지. 그러다가도 비끗 실수하면 동문거리에 목이 매달리고 처자는 노비로 박히지 않던가. 어찌 그런 걸 바라겠나. 나는 이미 세상의 구애를 파탈하고 이 심산 중에 들어온 것이네. 부 하가 수만에 재물은 산처럼 쌓여 서절구투의 좀도둑들이 한껏 보따리나 터는 것과는 비길 바가 아니지. 나의 부하들이 팔도 에 나가 있어 연시·왜관의 물화들이 안 들어오는 것이 없고, 탐관오리의 재물은 반드시 탈취하니 나의 권세와 부는 왕과 공후에 내리지 않네. 인생이 얼마나 되겠나. 애오라지 즐겁게 살아가야지." 이내 술상을 들이라 하니 미희들이 쌍쌍이 상을 받들고 나왔다. 수륙진미를 벌여 술은 향기롭고 안주는 풍성 하였다. 함께 실컷 술을 마시고 한 상에서 밥을 먹고, 한 침상 에서 잠을 잤다. 그 이튿날에는 군막의 배포나 산수경개도 구 경시켜 주었다. "자네 이번 행차에 정태화를 보러 가는 건 무 슨 구함이 있어선가?" "그렇다네." "그 사람 도량을 자넨 왜 모르는가? 조금 주기야 하겠지만 자네 기대에 만족하지 못할 것이네. 며칠 묵다가 여기서 바로 돌아가게." "반드시 그렇기 야 하겠는가. 지난날 동창의 정의를 그 사람도 생각할 터이 지." "좀 보태 준댔자 기껏 몇 냥에 지나지 못할 텐데 그걸 바 라고 원행을 한단 말인가. 내가 후히 주겠네. 가지 말게." 그래도 포의는 듣지 않고 막무가내 가겠다고 나섰다. "정 가겠으면 자네 정태화를 보고 내가 여기 있다는 말은 아예 꺼내지 말아 주게. 정태화가 제아무리 나를 잡겠다고 나서도 잡힐 내가 아니네. 정태화 앞에 자네가 내 이야기를 하는 날 당장 그 말이 나의 귀에 들어올 것이네. 그 때는 자네 머리를 보전치 못할 걸세. 아무쪼록 조심하여 발설하지 말게." "뭘 그럴 리가 있겠나." 하고 포의는 맹세를 하였다. 포의가 산채를 떠나매 대장은 웃으며 영문까지 배웅하였다. 들어올 때 탔던 말을 타고 산협을 벗어나 큰길에 다다르자 따라온 사나이는 하직하고 물러 갔다.

포의는 터덜터덜 걸어서 함흥 감영에 다다라 감사 양파를 만났다. 서로 인사를 마치고 나서 소리를 낮추어 밀고하는 것이었다. "영감, 우리가 소시에 산사에서 함께 글 읽던 아무를 기억하시는지?" "한번 헤어진 이후로 종무소식이라네." "시방 영감의 경내에 잠복해 있는 대적이 그 친구라오. 제 말로 졸개가 수만이라고 호언하지만 모두 팔도 각처에 흩어져 있고 지금 수하의 군졸은 많지 않고 오합지졸이라서 문제가 안 됩디다. 영감이 만약 영리하고 날랜 교졸 3, 4십 명만 저에게 빌려주시면 당장 궐자를 잡아다 영문 앞에 꿇리리다." 양파는 웃으며, "그 사람이 비록 도둑의 괴수 노릇을 하고 있다지만 아직 군읍에 작폐가 없고, 또 자네의 용력이나 재주를 헤아리건대 그 사람을 당하겠나. 공연히 화를 자초하지 않을까. 자네 파의하게." 포의는 정색을 하고서, "영감, 대적이 경내에 잠복해 있는 줄 알고도 덮어 두고 잡아 내지 않다가 일후에 형세가 호대해지면 책임이 누구에게 돌아가겠소? 정 나의 말을 따르지 않으면 나는 상경해서 고변할 터이오." 감사는 부득이 허락하고 며칠 묵히어 보내었다. 노수로 주는 물건은 과연 도둑 괴수의 말과 같이 약소한 것이었다. 교졸은 청한 수만큼 뽑아 주었다. 포의는 그 교졸들을 거느리고 다시 북로를 내려오다가 산 좌우편 숲속에 매복을 시킨 다음, "내가 먼저 들어가겠으니 너희들은 여기서 등대하고 있거라." 하고 단신으로 들어갔다.

몇 리 들어가자 먼젓번 말을 세우고 등대해 있던 그 사나이가 다시 나타나서 대장의 말로 함께 가시자고 청하는 것이었다. 그런데 타고 갈 말도 보내지 않아서 마음속으로 퍽 의아한 생각이 들었다. 동구로 다다랐을 때, "저놈을 묶어라."는 대갈 일성과 함께 졸개들이 무수히 덤벼들어 묶어 가지고 앞에서 끌고 뒤에서 밀어 솔개가 토끼를 채가는 모양으로 잡아갔다. 포의는 숨을 헐떡이며 뜰 아래 끌려왔다. 고개를 들어 바라보니 대장이 위의를 대단히 차리고 앉아 있었다. "너는 무슨 낯을 들고 와서 나를 바라보느냐?" "내가 무슨 죄가 있다고 나를 이다지 욕보이오?" "내가 이미 말하지 않더냐? 네가 우정 함흥 감영에 가서 소득이 나의 말과 다르더냐? 또 떠날 때 신신 당부하던 말을 저버리고 감사에게 꼬아 바치고도 무슨 혀끝을 놀리느냐?" "하늘에 뜬 해를 두고 맹세하지만 그런 일이 없소. 어디서 무슨 말을 듣고 나를 의심하시오?" 대장이 부하들을 호령하여, "함흥 감영의 교졸들을 잡아들여라." 명이 떨어지기가 바쁘게 수십 명의 교졸들이 줄줄이 뜰 앞으로 끌리어 나왔다. 대장이 이들을 가리키며, "저것들이 무엇이냐?" 하니, 포의의 낯이 흙빛으로 변하였다. 대답할 말이 없어 다만 죽을 죄를 졌다고 빌었다. 대장은 냉소를 하며, "너 같은 부서고추에서 어찌 나의 칼을 더럽히겠느냐? 곤장이나 맞아라." 하고, 곤장 십여 대를 가한 다음에 다시 결박을 지었다. 감영의 교졸들은 풀어 주며, "너희들은 이 자를 따라서 여기까지 오느라 고생하였다." 하고, 각기 은자 2십 냥을 주는 것이었다. "너희 사또님 전에 이런 얼뜬 위인의 말을 다시는 곧이듣지 말라고 여쭈어라." 부하들을 명하여 각 곳간에 쌓인 재물·은전·기명 등속을 꺼내어 모두 바리바리 실은 다음 집채들에 온통 불을 싸지르는 것이었다. "세상 사람들이 알게 되었으니 이 곳에 더 있을 수 없다." 또 한 부하를 시켜 포의를 산채 밖의 큰길까지 쫓아 보내라 하였다. 그리고 그들 모두 어딘가로 떠나 버렸다.

　포의는 간신히 벗어나서 자기 집으로 돌아갔다. 그 사이 자기 집이 다른 동네로 이사를 해서 그 곳을 찾아가니 집의 규모가 전과 비교할 바가 아니었다. 집사람에게 영문을 묻자, "아니 함흥 감영에 계실 적에 편지와 함께 재물을 보내셨던 것이 아닙니까?" 하며, 오히려 어리둥절해하는 것이었다. 내보이는 편지는 자기의 필적과 아주 흡사하였지만 기실 자기가 쓴 것은 아니었다. 보내 온 돈이며 베·비단은 대단히 많은 것이었다. 곰곰이 생각하여 보니 대장이 자기의 필적을 모방해서 보내 온 것임에 틀림없었다. 포의는 자기 소행이 후회스럽기 그

지없었다. 그 때 함경 감사는 양파가 아니었다고도 한다. 잘
알 수 없는 일이다.[25]

무고한 사람이 관에 잡혀 가는 것을 보고 갈처사는 스스로
관에 나타나 "대도는 나라를 훔치고, 소도는 금전을 훔친다."
라고 대갈일성한 후, "대관은 권세를 훔쳐 강도의 괴수가 되
고, 감사·검사·수령 등은 백성의 고혈을 빨아 강도의 졸도
가 되고, 지방 토호는 양반을 내세워 백성을 토색하니 지방 관
리를 믿고 강도짓을 자행하는 놈이요, 지방 서리는 관에서 죄
를 내리는 법이 없으니 강도의 힘을 믿고 개구멍을 뚫는 자들
이요, 산림학자는 세상을 속이고 이름을 도둑질하여 강도를
응원하는 자들이다."라고 중앙과 지방의 착취지배구조를 통렬
히 비판한다.

천민의 몸으로 글을 배운 후, 산채에 들어가 도둑의 우두머
리가 된 김단은 산채에 잡혀 온 같은 마을에 살던 노인에게 자
신이 산적의 우두머리가 된 까닭을 "장부가 세상에 뜻을 펴 볼
날이 없어 이 곳에 잘못 들어왔다."라고 밝히면서도, 산채를
떠날 생각이 없다는 결심을 말하는 것으로 보아, 산적 우두머
리가 된 자신의 입장은 확고한 것으로 보인다. 또 그들의 산적
행위가 "부자의 재산은 반분하고, 탐관오리의 재물은 몰수한
다."는 것으로 보아, 남의 물건을 훔치거나 사람을 죽이는 일

25) 이우성 외 옮김, 위의 책, 44~50쪽.

을 함부로 하지는 않지만, 가난을 구하는 일까지는 나아가지 못하고 있다는 것을 알 수 있다.

정태화의 친구 되는 이는 자신의 호의를 무시한 포의가 관군을 동원하여 자신을 토포하려 하였으나, 오히려 포의의 목숨을 살려 주고, 포의 몰래 재물을 보내 도와 주는 등 친구 간의 신의에는 철저하나, 대의명분은 볼 것이 없다.

이렇게 글 아는 이가 도둑 우두머리 된 경우에는 얼마간의 계급성과 민중성은 깨닫고 있으나, 역사성까지는 나아가지 못하고 있다. 즉 이들은 무능한 관리와 부패한 나라를 엎어 버리고 농민의 나라, 천민의 나라를 건국하겠다는 전망까지는 갖고 있지 못하다.


## 3) 민중이 도둑 우두머리 된 이야기

민중이 도둑 우두머리 된 이야기로 이경래 · 림꺽정 등이 있다. 이들은 모두 도둑 우두머리로서 계급성이나 민중성 · 역사성 등을 철저히 각성한 인물이다.

이경래는 따온글 ㄱ에서 보는 바와 같이, 남양 구담의 행적을 기록한 글에 부분적으로 나타나 있어 그의 전모를 파악하기에는 무리가 있다. 이런 점을 감안하면서 이경래의 위인됨을 살펴보면, "양양의 광폭한 적 이경래는 대단한 용력이 있었고, 또한 담력과 지략까지 있었으며, 도당을 불러모아 동으로 번쩍 서로 번쩍 하였으므로, 관군이 그를 체포할 수 없었으니, 해서에서 일어났던 림꺽정의 변과 유사함이 있었다."는 것으로 보아, 강원도 지방에서 상당한 위세를 떨쳤던 도둑 우두머리로 보인다. 그러나 풍채와 거동이 준수하며 담론을 잘하고 지략도 있는 별감과 신을 삼아 주던 중마저 구담이 협박하자 순순히 투항하는 것으로 보아, 이경래의 민중연대는 그리 견고한 것으로 보이지 않는다. 그가 명창의 소리를 좋아하여 구담의 소리를 들으려고 일부러 산을 내려온다던지, 술을 좋아한 점은 림꺽정과 유사하다.

양주 백정 림꺽정은 성격이 영리하고 행동이 매우 민첩하여, 그를 추종하던 수십의 날랜 축들과 함께 봉기해서 군도가 되었다. 그들은 인가에 불을 지르기도 하고, 소와 말을 빼앗아 가기도 하였으며, 만약 그들에게 항거하는 자가 있으면 무참하게 살상하는 등 잔혹한 무리였다. 또 경기 지방으로부터 황해 일대에 이르기까지 아전과 지방민들이 그들과 은밀하게 결탁해 있어, 관에서 사찰·체포하려 하면 이미 선통을 하여, 림꺽정은 부하를 거느리고 먼저 고지에 올라 군사들을 물리치는 등 민중연대는 견고하였으나, 그가 의적이었는지는 여기에서 확인되지 않는다.


ㄱ. 남양 구담(具杺)은 젊었을 적에 용맹이 다른 사람보다 뛰어났고 담력과 지략이 있었으며, 창가를 잘하고 술을 좋아하며 풍채가 준수한 미남이었다. 무과에 급제하여 상의주부가

되었는데, 그 당시 재상으로 있던 자의 뜻을 거슬려 관직에서
밀려난 뒤 10여 년 동안을 뜻을 얻지 못하고 답답한 채로 있었
다.

정묘조에 양양(襄揚)의 광폭한 적 이경래는 대단한 용력이
있었고, 또한 담력과 지략까지 있었으며, 도당을 불러모아 동
으로 번쩍 서로 번쩍 하였으므로 관군이 그를 체포할 수 없었
으니, 해서에서 일어났던 림꺽정의 변과 유사함이 있었다. 임
금께서는 구담의 용력에 관해 들으시고 즉시 그를 선전관으로
제수하신 뒤 밀지를 주어 경래를 잡아 오라고 하셨다. 그가 출
발하려고 하자 임금께서 경계하여 말씀하셨다. "너에게 금오
랑과 암행어사를 겸임토록 할 것이니 적을 체포할 때 편의종
사하여라. 노잣돈은 군문에 은밀히 유시하여 많고 적음을 따
지지 말고 도와 주도록 하였다. 만약 체포하지 못하고 돌아오
면 마땅히 너를 군율로 다스릴 것이다." 담은 명령을 받들고
물러났는데, 집안에는 80세의 노모가 계셨으므로 사정이 아득
할 뿐인지라 탄식하며 말하였다. "남아로 세상에 태어나 어찌
오래도록 윤락만을 일삼겠는가? 금년에 이 적을 잡아 말〔斗〕
만한 크기의 금인을 얻으리라!"

드디어 의금부에 가서 포교 변시진을 보고 그와 더불어 동행
하였는데, 변시진은 기찰을 잘하는 포교였다. 또 서울에서 파
락호 총각 임완석을 얻었는데, 이 사람은 하루에 3, 4백 리를
가는지라 '신행태보'라고 불리는 사람이었다. 암암리에 행장
을 꾸렸는데 이들은 모두 광대 복색을 하였다. 화려한 의상과

진귀한 보물들을 전대 속에 넣고 완석으로 하여금 짊어지도록 한 뒤 걸어서 양양 경계에 이르렀다. 이 때 담의 숙부 세적은 양양 수령을 제수받고 그들 뒤를 따라 내려왔으니 이는 임금님의 특별 지시였다. 담은 그의 숙부와 더불어 은밀하게 의논하여 종적을 감추고 책객(冊客)이라 자칭하며 산속 정자에 들어가 거처하였다. 날마다 향리배와 더불어 활 쏘고 말 달리며 주육을 질펀하게 먹고 마시면서 돈쓰기를 마치 물 쓰듯 하여 향리와 관속들의 환심을 모두 얻었다. 그들의 동정을 살펴보니, 그 중 별감 한 사람이 풍채와 거동이 좋았고 담론도 잘하며 자못 지략이 있어 마을에서 실권이 있었다. 담은 그 사람과 친분을 맺어 심복으로 만들었다.

하루는 그와 더불어 술을 마셨는데, 밤이 깊어 술이 한창 오르자, 담은 갑자기 왼손으로 그의 소매를 잡고 오른손으로 검을 빼어 그의 가슴을 찌르려고 하였다. 별감은 놀라고 당황하여 어찌할 바를 몰랐으며 낯빛이 흙색으로 변했다. 별감이 말하였다. "이것이 무슨 일입니까? 이것이 무슨 일입니까?" 담이 말하였다. "나는 다름 아니라 임금님의 명을 받들고서 종적을 감추고 와 기찰하여 경래를 잡으려는 사람이다. 처음부터 네가 경래인 것을 알고 있었으니 너는 여러 말 말고 내 검을 받아라." 별감이 말하였다. "소인은 정말 경래가 아닙니다. 진짜 경래는 근처에 있습니다. 제가 그 곳을 마땅히 가르쳐 드릴 테니 무고한 목숨만은 살려 주십시오." 담은 말하였다. "그렇다면 적은 어디에 있느냐?" "일전에는 경내(境內)에 와서 살았었는데 신관 사또가 내려왔다는 소리를 듣자 낌새를 알아차리고 가 버렸습니다. 금강산 속으로 은신하였는데, 그가 간 곳을 확실히 알고 있습니다.” “어떻게 그렇게 확실히 아느냐? 너는 바로 그와 동모자가 아니냐?” “동모라는 말씀은 진실로 지극히 원통합니다. 단지 그와 친숙한 까닭에 그의 종적을 확실히 아는 것입니다.” 담이 말하였다. “너는 내 말을 들어보아라. 그가 비록 용력이 있다지만 어찌 잡히지 않겠느냐? 네가 만약 적을 따를 것 같으면 온 집안사람들이 모두 죽임을 당하리니, 나를 따라 그를 체포해서 큰 공로를 세운 사람이 되는 것이 낫지 않겠느냐?” 담이 순리와 역리를 들어 밝게 깨우치니 별감은, “예, 예.” 하며 명령을 들었다. 담이 또 말하였다. “지금 너를 놓아 보내 줄 것이니, 네가 만약 이 기밀을 누설하면 마땅히 너를 먼저 체포할 것이다.” 별감이 또 “예, 예.” 하였으므로 특별히 놓아 내보냈다.

그 이튿날 변 포교 및 임 총각과 더불어 종적을 감추고 금강산으로 들어갔다. ‘서울 광대 구명창’이라 자칭하면서 변시진에게 북을 두드리게 하여 이르는 곳마다 영산조를 불렀다. 옷을 화려하게 입고 진귀한 보물을 풀어 각 절의 중들과 산에 놀러 온 사람들에게 나누어 주니, 이로 말미암아 그의 명성이 온 산중을 떠들썩하였다. 구 명창의 창조를 들으려고 사람들이 모두 구름같이 모여들었으나, 담이 두루 살펴보아도 경래의 얼굴은 끝내 보이지 않았다. 대개 별감이 경래의 용모를 상세히 살펴 파기해 주었기 때문에 내외산을 두루 돌아다니며 무리 가운데를 은밀하게 살펴보았지만 끝내 찾을 수 없었던 것이었다. 비로봉에 올라 하늘에 기도한 뒤 대성통곡을 하고 내려와 장안사에서 묵었다.

깊은 밤에 달빛이 창으로 들어오니 경경(耿耿)하여 잠들지 못하고 걸어서 신선루에 나갔다가 산 밑 초막 안에서 등불이 희미하게 빛나고 있는 것을 보게 되었다. 문득 마음이 동하는지라 마침내 가서 보니 한 중이 혼자 앉아 있다가 담이 들어오는 것을 보고 급히 무슨 물건을 무릎 밑으로 숨겼다. 담이 들어가 앉아 중과 더불어 이야기를 주고받았다. 중이 말하였다. "어찌 그리도 명창이십니까?" 담은 그의 무릎 밑에 있는 물건을 보려고 손으로 중을 밀어 내며 말하였다. "중이 어찌 명창을 아시오?" 중이 뒤로 나자빠질 때 보니, 그 물건은 반쯤 만들어진 큰 짚신 한 짝이었다. 담은 마침내 그 중을 결박하며 말하였다. "이것은 바로 이경래의 신발이렷다! 너는 경래가 있는 곳을 알고 있을 것이니 사실대로 곧바로 아뢰어라." 구담이 중이 만들던 짚신을 경래의 신발로 곧장 단정지었던 것은 별감에게서 경래의 발이 크다는 이야기를 들었기 때문이었다. 중이 놀라 복종하니 담이 말하였다. "만약 나와 더불어 경래를 체포한다면 상 내림이 클 것이지만, 사실을 감춘다면 칼머리의 귀신이 될 것이다. 이 두 가지 중에 어느 것을 택하겠느냐?" 중이 말하였다. "오직 명령대로 따르겠습니다." 담이 말하였다. "나는 바로 임금님의 명령을 받들고 왔다. 어떻게 하면 이 적을 잡겠느냐?" 중이 말하였다. "오늘 밤에 소승을 만

174

나신 것은 바로 하늘의 뜻입니다. 제가 마땅히 적을 체포하는 술수를 아뢰겠습니다. 경래가 일찍이 명창의 소리를 듣고자 했는지라 재명일에 이 초막에 오기로 약속이 되어 있습니다. 또 짚신을 만들어 달라고 청하였기 때문에 소승이 이 짚신을 만들고 있었던 것인데 아직 다 만들지 못하였습니다. 경래가 만약 오면 소승이 와서 노래를 불러 달라고 청할 것입니다. 또 경래는 평소 술을 좋아하는 자이니 그에게 연달아 술을 권하여 완전히 취하기를 기다린 후에 체포하시면 반드시 일이 성사될 것입니다." 담은 마침내 결박한 것을 풀어 주고 그 중을 심복으로 삼았다.

그날 밤, 즉시 임 총각을 양양에 보내 사납고 용맹스러운 교졸(校卒) 40~50명을 밤을 새워 데려오도록 하였고, 재명일에는 각자 변복을 하고서 장안사 각처와 요해처를 경계하여 지키도록 하였다. 또 독한 소주를 두 단지 가지고 오게 하여 임 총각으로 하여금 초막에서 팔게 하였다. 재명일이 되자 경래가 과연 초막에 오니, 중은 담을 불러 노래를 시켰다. 담은 첫소리로 권주가와 장진주를 불렀고 경래는 혀를 차며 잘한다고 칭찬하였다. 담은 임 총각에게서 술을 사서, 한편으로는 창을 하고 다른 한편으로는 경래에게 술 마시기를 권하였다. 경래는 노랫소리를 즐기며 한 잔, 한 잔, 다시 한 잔을 거듭 마시니 훈연(醺然)히 취한지라 눈이 이미 몽롱해졌다. 연달아 권하니 사양하지 않고 마셨다. 이윽고 경래가 취하여 잠이 들려고 하자 담은 소매 속에 감추어 두었던 철퇴로 힘을 다하여 내리쳤

다. 경래는 본래 뛰어나게 용맹한 자인지라 취중에도 초막 밖
으로 뛰어나가 동분서주하였다. 그 때 각처에서 경계하며 지
키고 있던 사람들이 소리를 지르며 서로 응대하니 경래는 정
신이 황홀하여 어디로 가야 할지를 몰랐다. 담은 급히 옷을 갈
아입고 구경하는 사람들 속에 잠입하여 경래가 뛰어 달아나는
곳을 향하여 뒤를 밟았다. 철퇴를 가지고 숨어 있다가 그를 저
격하여 다리를 부러뜨렸다. 경래를 포박하려고 파수하던 교졸
들을 소리쳐 부르니 교졸들이 일제히 와서 결박하려고 하였으
나 경래가 힘을 쓰는 바람에 경래를 묶었던 끈이 여러 번 끊어
졌다. 그래서 다시 철퇴로 경래의 양쪽 팔을 내리친 연후에야
비로소 결박할 수 있었다. 많은 관군을 징발해서 함거(檻車)로
호송하여 서울로 데리고 와 그를 죽였다.

초막의 중과 별감에게는 상을 내렸고, 담은 복명하는 날 곧
바로 당상 선전관에 제수되었다. 그는 임금의 명령을 잘 전달
하였기 때문에 승전의 직임에 오래 있었으며 여러 주(州), 군
의 수령을 역임하였다. 임금께서는 그를 크게 쓰려고 하셨는
데, 경신(庚申 : 1800)년에 정조께서 승하하시자 담은 주야로
통곡하며 슬퍼하다가 몸을 상하여 병들어 죽었다.[26]


ㄴ. 림꺽정은 양주의 백정이었다. 성격이 영리하고도 효용한
사람이어서 그를 추종하던 수십의 날래고 민첩한 축들과 함께

---

26) 이월영 옮김, 앞의 책, 369~377쪽.

봉기해서 군도가 되었다. 인가에 불을 지르기도 하고 소와 말을 빼앗아 가기도 하였다. 만약 그들에게 항거하는 자가 있으면 무참하게 살상해서 그 잔혹함이 이루 형언할 수 없었다. 경기 지방으로부터 황해 일대에 이르기까지 아전과 지방민들이 그들과 은밀하게 결탁해 있어 관(官)에서 사찰·체포하려 하면, 어느 새 먼저 정보가 새어나가서 이 때문에 그들이 거리낌 없이 횡행해도 제지하지 못했던 것이다.

　정부에서 선전관으로 하여금 정탐해 오도록 내려보낸 적이 있었다. 림꺽정은 구월산이 거점이었다. 선전관이 산채에 접근하였다가 이내 돌아서 나오는데 그들이 매복해 있다가 뒤에서 활을 쏘아 선전관을 죽였다. 또 정부에서 옹진 등 5,6 고을의 무관 수령들에게 명하여 군사를 거느리고 가서 토벌하도록 한 일이 있었다. 각 고을의 군사들이 서흥 땅에 집결했는데 아전과 지방민들이 그들에게 이미 선통을 하였다. 림꺽정은 부하 백여 명을 거느리고 먼저 고지에 올라서서 내려다보며 마구 활을 쏘아 대었다. 화살이 비 오듯 쏟아져서 5,6 고을의 군사들이 지탱하지 못하고 그만 전열이 무너져 돌아가고 말았다.

　윤지숙이 봉산 군수가 되어서 행차가 임진강 나루에 다다랐다. 10여 명의 웬 장사꾼들이 물건을 싣고 달려오더니 원님의 행차가 있는 것도 불고하고 밀치고 달치며 배에 오르는 것이었다. 윤지숙이 노하여 그들을 잡아다 징치하려 하였다. 장사꾼들이 짐을 푸는 데 보니 모두가 활과 창, 칼 등 병장기였다.

윤지숙은 그제야 도둑들인 줄 알았다. 그가 배에서 내리자마자 도둑들이 추격해 왔으나 간신히 화는 면할 수 있었다.

단산수(丹山守) 이주경은 종실로 옥적을 잘 불어서 이름이 났었다. 그가 무슨 일로 황해도에 갔다가 개성 청석령을 넘게 되었다. 활과 칼을 든 도둑 수십 명이 길을 막아서서 짐바리와 함께 단산수를 붙잡아 갔다. 좁은 계곡을 따라 수십 리를 들어가니 한 곳에 채색 장막이 장관이었다. 위의를 갖추어 인원들이 각각 기구를 차리고 무기를 들어 옹위한 가운데 한 대장이 주관에 금포를 입고 홍교자에 앉아 있었다. 그가 곧 림꺽정이었다. 림꺽정이 영을 내려 땅에 꿇린 다음, "네가 누구이냐?" 하고 묻는 것이었다. "나는 종실 단산수요." 림꺽정이 웃으며 말하였다. "그러면 금지옥엽이구려, 바로 피리 잘 부는 단산수 아니오?" "그렇소." "행장 중에 피리가 있소?" "있지요." 림꺽정이 좌우에 명해서 술상을 올리게 하는데 육물·해물의 진수로 상이 그득하였다. 금술잔을 들어서 술을 권하며 피리를 한 곡 청하는 것이었다. 마침 달이 매우 밝았다. 단산수의 피리는 학경골로 만든지라 길이는 짧아도 소리가 맑고 높게 나는 것이었다. 단산수는 부득이 소매 속에서 피리를 꺼내어 먼저 우조(羽調)를 불었다. 모두들 둘러앉아 듣는데 곡조가 용솟음치듯 날아 움직이매 하늘에 대지를 기세가 있더니 서서히 변해서 계면조로 넘어갔다. 곡조가 끝나기도 전에 온통 흐느낌과 함께 탄식 소리가 들려왔다. 림꺽정도 추연히 눈물을 흘렸다. 대개 정부에서 자기를 붙잡으려고 몹시 서두는지라 비록 얼마

간의 목숨을 연장하고는 있으나 필경 면치 못할 운명임을 생각하던 즈음이라, 가락이 비장해지매 비감(悲感)이 절로 솟아남을 억제하지 못했던 것이다. 곡이 끝나자 이어 술을 여러 잔 권하였지만 단산수는 마시지 못한다고 사양하였다. 림꺽정은 부하들에게, "이 사람은 붙들어 두어 보았자 쓸데가 없는 사람이니 돌려보내게 하라." 하고 차고 있던 조그만 장도를 끌러서 단산수에게 주면서 말하였다. "길에 혹시 가로막는 무리들을 만나면 이걸 내보이시오." 이튿날, 한 길목에 다다랐더니 과연 몇 놈들이 덤벼들었다. 그 장도를 내보이자 혀를 내두르고 물러서면서, "그걸 어디서 얻으셨습니까?"라고 묻는 것이었다.

　정부에서 남치근을 토포사(討捕使)로 삼아 군마를 거느리고 림꺽정의 산채 밑으로 진군케 하였다. 적을 포위하여 하나도 빠져나가지 못하도록 하였다. 림꺽정의 모주(謀主) 서림이란 자가 벗어나지 못할 줄 알고 손을 들고 산에서 내려왔다. 서림이 그들의 허실과 상황을 낱낱이 말하여서 이에 군사를 풀어 산 속을 뒤지고 덤불을 헤치며 올라왔다. 림꺽정의 부하들이 모두 잡히고 림꺽정도 골짝을 넘어 도주하여 민가에 숨었다가 필경 쏟아지는 화살 아래 쓰러졌다.[27]


이경래는 구담에게 잡히는 과정에서 취중에 철퇴를 맞고도 밖으로 도망을 치고, 구담이 다리를 부러뜨린 다음 포졸들이

27) 이우성 외 옮김, 앞의 책, 15~18쪽.

결박을 지으려 하자 밧줄을 끊는 등 출중한 용력을 보여 주었으나, 그의 도적 행위는 구체적이지 않다. 이는 이야기의 초점이 구담에게 집중되어 있어 이경래를 소홀하게 다룬 결과로 보인다.

토포사 남치근이 구월산 산채를 포위하자, 벗어나지 못할 줄 알고 모사 서림이 배신하니, 림꺽정은 쏟아지는 화살을 막고 죽는다. 림꺽정의 무리는 밖에 있는 민중들의 일정한 외응은 받았으나, 내부 결속에 실패하여 결국 몰살당하고 만 것이다.

민중이 도둑의 우두머리 된 경우는 계급성과 민중성·역사성은 모두 탁월하나, 상호간의 신뢰감이 부족하여 서로를 배신하는 등 조직의 와해를 가져오고, 그 결과 망하고 만다.


## (3) 날개 부러진 아기장수 이야기

썩어빠진 무능한 왕권에 대응하는 민중의 방어기제는 민중의 어둠으로 드러난다. 여기서 민중의 어둠이란 민중의 무지와 무명을 말하며, 이는 민중의 동물적인 자기보존 본능이나 가족의 생존을 위한 이기주의를 말한다. 이러한 방어기제가 형상화된 신화 형태가 바로 '날개 부러진 아기장수 이야기'이다. '날개 부러진 아기장수 이야기'는 한반도 곳곳에 널리 분포되어 있는데, 여기서는 비교적 분화와 발전이 덜 된 원형 형

태의 아기장수 이야기 7편을 선택하였다. 이를 지역별로 갈라
보면, 강원 1편, 충북 2편, 경북 1편, 경남 2편, 제주 1편이다.

ㄱ을 조사한 이는 서대석이고, 말한이는 박광철(남 · 46세)
이며, 채록지는 강원 춘성군 북산면이다. 중이 묘자리를 잡아
준 뒤에 아기장수가 출생하고, 부모가 아기장수를 죽인 뒤에
중이 나타나 아기장수를 찾는 것이 특이하다.

ㄴ을 조사한 이는 김영진이고, 말한이는 박임순(여 · 71세)
이며, 채록지는 충북 영동군 용산면이다. 아기장수의 신이한
행동은 잘 드러나나 겨드랑이 밑에 날개나 비늘은 보이지 않
으며, 아기장수가 죽은 뒤에 나타나는 용마 화소는 빠져 있다.

ㄷ을 조사한 이는 김영진이고, 말한이는 박임순(여 · 71세)
이며, 채록지는 충북 영동군 용산면이다. 아기장수가 땅의 생
명인 동삼과 함께 노는 이야기가 특이하며, 용마 이야기에 중
점을 둔 것이 특징이다.

ㄹ을 조사한 이는 임재해 등이고, 말한이는 강대은(남 · 81
세)이며, 채록지는 경북 안동시 북후면이다. 아기장수의 신이
한 행동을 발견한 어머니가 아버지에게 말하는 것이 일반적인
데 여기서는 며느리가 시아버지에게 말하는 것으로 되어 있
고, 아기장수를 관에 넣어 못질을 하여 죽이는 무참한 장면이
그대로 서술될 뿐만 아니라, 아기장수가 입을 갑옷을 독바우
에 감추어 두었다는 것 등이 특이하다

ㅁ을 조사한 이는 김승찬이고, 말한이는 제훈이(여 · 64세)
이며, 채록지는 경남 김해시 이북면이다. 11살이 되도록 말도

못하고 걷지도 못하던 아기장수가 자기를 잡으러 온 병정이 어머니를 놀리자 적절한 말대답을 일러 주는 것이 특이한, 불구 아기장수계 신화이다.

ㅂ을 조사한 이는 정상박 등이고, 말한이는 손윤호(남·68세)이며, 채록지는 경남 밀양군 산내면이다. 부모가 아기장수를 죽이는 방법은 여러 가지인데, 여기서는 아기장수를 기름 틀에 집어넣고 쌀 석 섬으로 눌러 참혹하게 압살시키는 것이 특이하다.

ㅅ을 조사한 이는 현용준 등이고, 말한이는 김택효(남·85세)이며, 채록지는 제주도 서귀포시이다. 조상의 묘를 오공(蜈蚣)혈에 써 쌍둥이 아기장수를 낳았다거나, 구덕에 엇갈려 누인 아기장수가 하늘을 날아다녔다거나, 아기장수를 죽이려고 조상의 무덤을 파니 아기장수를 태울 황새가 아직 덜 생겼다거나 하는 이야기가 모두 독특하다.


ㄱ. 장씨네 들어오신 담에 박씨네가 인제 들어왔잖어요. 들어와가 주구선 우리 박씨네가 젤 어딜 들어와 게시냐 하면 저 구멍동이라는 데 있잖어요. 여기 지도 보며는 구멍동 있죠.

근데 참 하루 인제 애기를 뱄는데요. 게깐 이거 내가 삭갈렸어.

이제 부모가 돌아가셨어. 그래서 인제 산자릴 못 잡구서 인제 임시 이렇게 아무 데나 묻어 놓구 있는데 하루는 중이 와서 저 자구 가자 그래요. 그래 자라 그래니깐, 봐두 벌써 상제가 다르잖어요.

"아, 쥔양반 상제가 아니냐?"구. "그래 난 상제다." "아버지 어떻게 산자리나 바루 구해 썼느냐?" 그래서 "못 살다 보니깐 산자리두 구해 못 씨구 이렇게 아무 데나 그냥 모시구 있다."구 그래니깐, "그러냐"구. "그럼 내가 산을 한 자리 본 게 있으니깐 내일 상제님들이 거길 가자." 이거예요.

게 참 밥을 싸가지구 일찍아니 떠나자구 그래선 밥을 싸가지구 가는데, 어디냐 하면 지금 그 동면 번개터지. 저 덕밭제 동면이야 거기가.

(박치관 : 시방은 홍천군이야) 아 그전엔 동면 덕밭젭니다. 그 동면 덕밭제라는 델 가더니 턱 지관이 하는 말이, "여기다 산을 쓰슈." 이 말야. 게 보니까 참 앞에 장군석이 서이가 돌이 서 있어유. 그래서 "알았다."구 말야.

그래선 와 가지군, 참 중들은 간 담에 신체를 모셔다 거기다 썼어요. 썼는데, 그 후루 참 태기가 있어가 주구서 언낼 뜩 났는데, 이 언네 어머니가 밤에 한 밤중된 예 보면 언네가 땀이 촉촉이 난단 얘기야, 이상허게. 이것두… 사흘째 그렇게 땀이 나거던. 게 하룻 제녁엔 아주 새우면서 이걸 봤어. 이게 왜 이렇게 땀이 나나 하구 보니깐, 이 새빨구뎅이 어린 애가 바시시 일어나더니 문을 열구 나가더란 얘기예요. (조사자 : 예, 갓난 애가요.) 예, 갓난언애가. 나가더니 고 앞에 가래낭기 커다만게 하나 있는데 훌쩍 날아 올라가더니, 가래낭구에 인제 오르락 내리며 인제 재줄 허는 기야. 재주를 디려 허더니 내려오더니, 들어와선 어머니 품속에 딱 들어오넌데 맨져 보니 그 때 땀이 나더란 얘기야.

개선 시아부지한테 얘길 한 거야. "큰일났습니다." "왜 그러니?" "저 인제 한 나달 된 게 저렇게 가래남글 뛰어넘어가서 밤이면 재주를 부리구 그러니 이 어떡헙니까?" "쥑여야 된다." 이거지, 그럼 잘못되면 역적이구 잘됨 충신이니까 이거 안 된단 얘기야. 그러니까 팔섬을 막 지질러 놓니까 참 들썩들썩하더니, 이놈을 쥑였어요.

아주 지지 눌러 가지고 쥑였는데, 사흘만에 아 중이 찾어온 거야. 찾아오더니, "이 집이 아기 낳으니 아기 내놔라." 이거 거든, 아 그래선, "아, 안 낳다."구 그래니깐, "아, 그런 얘기 없다."구. "빨리 내놔라." 이거야. "이거 내가 데루구 갈 테니깐 내놔라." 그래선 그런 일 없대니깐 절대 꼭 났이니깐 내노라구.

그래선 노골적 얘길 했어. "이거 잘못되면 우리 역적으루 몰려서 우리 박씨네가 죽을 거 같어서 이걸 지지 눌러서 쥑였다."구. 구래니깐 아 자기 복장을 막 디려 치더래요. 분하다구 말야. "이걸 내가 데려다 꼭 키워야 되는데 어쩐 말이냐." 그래니깐 "앞으루 둘이 또 날 테니깐 이거는 꼭 날 됐다 다과." 게군 중은 가더란 얘기야.

그런데 기 이튿날 아 으앙 소리가 나더니 용마가 하나 와가 주구선 마당에서 말야 네 무릎을 꿇곤 볶아치더래요. 그래더니 훌쩍 건너가서 그 근너 가서 엎드려 죽어서, 거기서 인제 배낭기 하나 올라왔거던요. 그래 지끔두 거길 '용의배나무꼴' 이라구 그럽니다. 여기 올라가면, 구멍동 가면 예, 용의배나무 꼴이 있어요. 게 거기가 용이 엎드려 죽었는데 거기서 배낡이 하나 올라왔어요. 그래 용의배나무꼴이예요. 게 우리 박씨네 가 장사 또 둘 난다는 바람에 이걸 아주 못 나게 하느냐구, 아 주 저 처녀 총각 죽은 놈에 뫼를 파다간, 송장을 파다간 앞뒤 다 콰 눌러 썼어요. 개선 꼼짝을 못 하죠. 게 지금두 이게 우리 조상이지만 이제 묵어요.[28]

ㄴ. 아, 이 한 동네서 애길 낳는데, 장수를 낮이요. 어머니가 장수를 낳는데, 그 아이가 난 3일 만에 자꾸 마 이상한 재주를 해요. 천장에도 붙었다, 벼름박에도 붙었다, 무순 재주로 기어 올라가고, 그저 네 방구석에서 활 쏘는 거 총 쏘는 거 별 걸 다 해요.

난 지 3일 만에 게 하는데, 그 아이가 일주일이 되닝께루 어 머니한테, "들깨 서 말, 아주까리 서 말을 팔어 오라." 하더래 요. 아 그래 아주까리 농사 지여 놓고 내먹을 데가 없어서 속 을 끓였는데 아 아, "돈을 얼마 달라." 하닝께, "아 열매를 더 주고 사요." 하면서 그 들깨 서 말도 그라고, 아 돈을 과음을 받어서 아주 그 아주까리 들깨 서 말 낸 사람은 참 좋와서 이

28) 한국정신문화연구원 편, 『한국구비문학대계 2-2』(한국정신문화연구 원, 1984년), 670~673쪽.

라는데, 그 아주까리 서 말 들깨 서 말 가주구 일주일 된 어린 아가 그 옆에다 찌구서루 어디를 가면서 어머니더러 그랬시유. "어머니, 누가 어머니 날 어딜 갔능가를 묻걸랑은 어머니가 죽어두, 죽은 원수를 갚을 텡께. 죽드래두 가르켜 주지 말라."구 했시오.

아, 가르켜 주지 말라고 했는데 고만 어머니가 원청 병정들이 와서 다구치니께루, "아무 데 돌 속으루 들어갔다."구 이력했거등. 게 돌 속으루 들어가믄 돌문이니 그 돌문을 열구 닫구 들어갔으니, "그 어떡해서 열구 들어갔느냐?"구 물었거등. 고 어머니가 뒤를 안 따라갔으믄 모르는데 뒤를 따라갔어. 따라 가서 본께 거길 어데 데작데작 하더니 무슨 풀잎을 뜯어 돌을, "열어라." 한께, 톡톡 뚜드리며 "열어라." 한께, 열였단 말여. 아 그래 들어갔단 말여. 들어갔는데, 일주일을 안 가르쳐 줘야 하는데 고만 들어간 3일 만에 가르쳐 줬어. 어머니가, "아, 여 기 서서 무슨 풀을 뜯어서 열리라 한께 열리고 톡톡 두둘기고 닫혀라 한께 닫치고 이렇게 해서 들어갔다."구 했어. 아, 그 사 람이 그 풀잎을 뜯어 가지고 톡톡 뚜드링께 돌문이 열리구 했 어.

아, 그 사람이 그 풀잎을 뜯어 가지고 톡톡 뚜드링께 돌문이 열리거등. 공기가 확ㅡ 들어갔잖어? 막 그 사람이 들어가 보닝 께루 아주까리 서 말, 들깨 서 말이 막 장수가 돼 가지고 막 말을 탈라고 이케 (한 발을 들며) 발을 올리는 판에 한데 공기를 쐬서 싹 쓰러져 죽었잖어요.[29]

ㄷ. 옛날에 그 아랫동네가 있는데 한 애기 어머니가 아들을 낳어요. 아들을 낳는데, 그 애기가 이상한 재주를 해요. 자꾸 이상한 소리를 하고 재주를 하고, 청마 그 말이 우연히 그 애기 낳면서 하나가 와서 그 근절에 풀을 뜯어먹고, "으- 흥-." 소리를 하고 임자를 찾는 것같이 해요.

그런데 그 애기 어머니가 그만 애기 재주 하는 걸 보닝께 무섭거든요. 근데 무서운 중에다가 밤에는 애기가 둘이 놀아요. 똑같은 남자가 둘이 놀아. 하두 이상해서 '내가 아들을 하나를 낳았는데 애기가 똑같은 애기가 둘이 노니' 무섭기도 하고 이래서로 게 인저 자기가 낳은 애기는 포에 표를 해 놓고 또 인제 그 애기 하나 이래 노는데다 명주실, 명지실이 여간 그 가늘고 그렇잖어요? 그거를 요래 홀목에다 와서 노는 애기 그 홀목에다 이렇게 짬맸는데 날이 새면 그 애기가 어디로 가요.

그래 인제 가는 것도 못 보고 오는 것도 못 보고 노는 것만 인제 보고 그렇게 표를 했는데, 그래서루 날이 새서 어디루 가는데 그 실을 보닝께 그 앞에 산에 산으루 뻗었어요. 실이, 실이 산으루 뻗었는데 가 보닝께 실이 이렇게 땅 속에 묻혔어요. 땅 속에 실이 묻혀서 거길 파 보닝께로. 동삼(童參)이 이것만 한 게 나와요.

그 동삼이 인제 변화를 해 가지구 이 장수가 살았으면 그 동

<hr>

29) 한국정신문화연구원 편, 『한국구비문학대계 3-4』(한국정신문화연구원, 1984년), 316~318쪽.

삼하구 될 장수가 날껀데. 고만 이 애기 어머니가 이 애기가 무삼찮은 애기라고 무서워하고 이러닝께 고만 어떻게 관에다 연락을 해 가지고 죽였어. 애기를 죽였단 말여. 죽이고서 그 실을 따라가 보닝께 그 동삼도 없어.

그 동삼이 이제 나와서 맞장수가 될 껀데 그 아이가 죽으닝께 그 청마가 막 아우성을 치고 울면서 달아났어. 장수가 죽었으니, "내가 설 곳이 있나?" 하고, 고만 울면서 달아났어. 게 그런 애기가 있었어요.[30]


ㄹ. 영주가, 영주 그 저 송(宋)씨에서, 송씨에서 인제 참 장군이 났다 말이지. 나가 주고 밤에, 내외가네 자다 보이께네, 양우간에 잃어 분다 말이래. 어딘가도 잃어 분게, 아이, 며칠 저녁 그 모양 하이께, 그 다음 뒤를 밟았단 말이래. 뒤를 밟으이 재릅을 한 주먹 꺽어 가주 가디이, 영주 모래 갱변에 나가디, 마구 재릅을 마커 군사래.

군사하고, 송씨의 그 분이 참 장군인데. 군사를 풀어 가주고 진법(陳法)을 놀아, 그래 가주 그 이야기 시어른한테 했다 말이래. 해가주, "아이, 우리 민촌에 장구이 나오먼 역, 역적이 된다."고만 널에 옇고는 고만 못을 쳤어. 널에 옇고 못을 치는데, 어이 받았는동 못을 굽혀 부렀어. 어예 뇌수에 하나 드갔어. 뇌에 하나 들와 가주 죽긴 죽었어.

30) 한국정신문화연구원 편, 『한국구비문학대계 3-4』, 321∼322쪽.

죽었는데, 그래 장군을 박았부이께, 용마가 막 소리치고 들오그던. 없든 용마가 나서 들어 빼드라눈구만, 소리 지르고.

그른데 거기서 시방 저 – 독바우라는 방구 맹 있어. 독바우라는 방구, 독이 아주 있고, 이 두껍이 있그던, 있는데 거 말인즉 갑옷이 들었다는 게래. 그래 저 – 제국시대 때 일본 사람이 와 가주고 그 방우 거칠라다 고만 벽력을 디룻코 벼락을 칠라 그래, 못 만졌다는 게래.[31]


ㅁ. 어린애가, 한 사람이 어린애를 낳아 놓이께, 그 어린애가 나이 열한 살을 묵도록 걸음을 걷지 못하고 말을 못 하더라고 카데. 항상 저거매 등더리에 업히가 있는 기라. 걸음도 못 걷고, 말도 못 하고 한께. 사실 그 아도 짜더라 커도 안 하고 쪼깐 게, 그런데 그 아로 업으믄 안대. 내 홑몸이나 같고 이래서 그렇다 보이, 엄마가 사시로 업고, 모도 숨그로 홑몸처럼 이래 전부 사용을 하는데, 그래 하로는 그장 그 애를 업고 일로 오만 거를 다 하는데, 그래 여름이라서 모를 심으는데, 하는 말이, 애가, 저 운 사람이 서이가 턱 지내 가며 한단 말이, 그 아를 보고 여자 아 업고 있는 거 아를 보고 한단 말이, 저쭉 여자를 보고, "보소, 당신 오늘 모 숨군 거 모가 몇 피기요? 오늘 종일 숨군 거." 이카거든. 이칸께 그래 고마, "아이구 예.

31) 한국정신문화연구원 편, 『한국구비문학대계 7-9』(한국정신문화연구원, 1982년), 659~660쪽.

지 소인 지가 뭘 그런 거 알 수가 있습니꺼?"

그래 이카고 횡 가 뿌고 난께, 평상 말도 못 하던 그 아가 엄마 등더러 애고 등을 툭툭 치며 한단 말이, "엄마 니 축구다. 왜 그 말도 한 마디 못 하노? 당신이 오늘 점두록 걸은 발자국이 몇 자죽이요? 와 엄마 그 소리를 못 하노?" 이카거든. 생전 말도 못하는 기, 등을 툭툭 두드리미 그래 그카거든. 그래 "아이구 야야, 내가 그 소리 할 줄 아나?" 이카이, 그래 고 질로 딱 와 가지고 그래, "날 잡으러 온 사람이다." 이카디마는, 고 질로 딱 와 가지고 한다는 말이, "엄마, 여 저 장 부자집하고 최 부자집하고 가서, 저 적두팥 서 말하고 잔조 서 말하고 가오라." 카거든. "그 가면 딱 가면 줄 기이께, 입만 띠면 줄 긴께 가오라." 카거든. 그래 가이께 저거 지베 다 주거든. 참 그래 가주 와서 갖다 준 모양이라.

"엄마 저 내가 어데를 가든가 내 걱정 하지 마라. 이거 뭐 팥이런 거, 잔조 이런 거 아깨 그 놈이 날 잡으러 온 놈이다. 날로 잡으려 온 놈인데, 오거들랑 함부러 엄마 모른다 캐라이." 그래 "뭐 어데로 갈래? 어데로 갈래?" 이카께네, 안 가르쳐 주고 말 뺑시를 치고 있다가 어떻기 당글리서 "내가 니를 우째 보내것노? 점두록 업고 있다가 니 간 자리나 갤머도고." 카이, 이 아가 못 이기서, "조 건네 안산에 조게 큰 방구가 있제. 방고 밑에 저게 새가 있는데, 새 밑에 고게 내가 들어갈 기니, 엄마 니 직인다고 캐도 칼로 목을 막 칠라 캐도 안 직인다, 하 모른다 캐라이." "오냐." 이캐 놓고, 그래 팥, 그 놈하고 말큼 울

190

러메고 정말 장사가 돼노이, 아(兒)가 장사거든, 그래 턱 가지고 한날 밤에 고마 파는 겉이 하고, 조금 더 있으면 잽힐 챔인데 떡 고 가뿟다.

그래 가고 나이께, 막 가고 난께 요놈의 할마이가 있다가 직이라칸께 방정시럽어 가지고, "아이고, 예, 가리치 드리겠습니더, 가리치 드리겠십니더." "어데고?" "조, 조 방고 밑에 새를 비고 드간다." 카거든.

그만 쫓아 들어간께네로, 새로 비고, 참 이것도 싹 드러간께네오, 팥 그거는 전부 말이고, 잔조는 전부 장수라, 장순데, 말 한 다리를 조금만 머물렀으면 될 긴데, 고 에미가, 다리를 탁 한 다리 덜 없어 가지고 한 다리는 땅이고, 사르르 안개겉이 잦아져뿟어. 고걸 좀 머물렀으면 타고 올라앉아 뿟으면 됐는데.[32]


ㅂ. 옛날, 저 산외면(山外面) 용바우라 카는 데, 거에 용마가 났지. 희실, 희실, 희실 백장군이 났다 하제? 희실 백장군이 났는데, 이거 알뜰히 모리고. 그래 부인이 얼라로 하나 낳아 놓으이, 아주 살림이 없고 곤란한데.

그래 살림은 없고 그래 얼라로 하나 낳아 놓으이, 얼라로 낳아 놓고 방아, 방아품 들로 가인께, 갔다 오리께 방에 마 얼라가 마 삼칠일(三七日) 전인데 없어. 없는데 '야, 그 이상한 일이다.'

<hr>

32) 한국정신문화연구원 편, 『한국구비문학대계 8-9』(한국정신문화연구원, 1983년), 716~719쪽.

우째 됐는고 하이, 아아가 보인꺼네 천장에 떡 붙었어. 장군될 거는 버여 뭐, 버어 날 때부터 다른, 행동이 다른 모양이지.

그 천장에 떡 붙어 가 있는데. 그래, 가장(家長) 오는데 그런 이얘기를 떡 하이, 아, 이거 이전에 큰 사람 나믄 그 부모로 해치려 한다데. 마, 죅이 뿌는 기라. 그래 인자 부모가 가장한테 이 얘기를 하니께, "이 일이 도저히 관가에 알믄 말이여, 이 버어 이렇기 저 재주가 많은께, 부모가 욕당할 모양인께, 이걸 죅이 삐야 되겠다." 그래 가지고 이전에 지름틀이라는 거, 호박틀이라고 카는 거, 그런 기 있단다. 있는데, 그래 지름틀에 마 잡아 아아로 주어 옇어 가지고 그래 말 돌로 이래 실어, 나락을 한 섬을 실은께, 마, 지름틀 채가 마 헐렁헐렁, 기운에 세어 놓으이 마 잘 안 죽고 마 헐렁헐렁 뛰거든, 마, 두 섬 실어도, 두 섬 실어도 그냥 끄덕끄덕하는 기라. 지름틀에 호박을 눌랐는데, 석 섬을 실은께 마 벌벌 떠드니 마 그 질로 죽어 삐는 기라.

죽어 뿌고 나니께 그래 원통해서 용마우, 바우가 마 떡 갈아지디이, 용마가 나와 가지고 마 패랭이 씌고 말캉 공중에 마 날라서 빙 돌아 가지고 그래 소(沼)에, 그 보탕들이라 쿠는 그 소에 빠져 죽어 삣단다. 죽어 삣는데, 그래 비가 올라 카몬 그 바우가 지금 안주 피가 벌거이 안주 그 흔적이 안에 있어, 고 거 전설 이얘기야.[33]


33) 한국정신문화연구원 편, 『한국구비문학대계 8-8』(한국정신문화연구원, 1983년), 554쪽.

ㅅ. 산은 열리 오공혈에 썼는디, 아기를 나아 보난 쌍성(雙性)을 나아전. 사맛 가난하여 구덕 하나에 발막안 아일 눅지더라 하여, 쌍성을 업게도 없으니 그저 발막안 눅져덩 어멍이 물에 강 오랑보민 아기가 자꾸 바꾸어 누엉 이성. 걷지 못하는 아이들인디 자꾸 원 그렇게 되거든. 계니 이놈의 것들이 어멍 물으레 가비엉 사름 어신 줄 알민, 둘이 일어낭 공중으로 뛰었다 하다가 발막안 누엄쩡한건 발 바꽝 누엉. 어멍이 원 자꾸 보민 그렇게 하여. '하이구, 원 이 걷딜 못하는 것들이 이상도 하다.'

한 번은 허허 이것을 거동을 보자구. 뭇뚱에 은신하엿거든. 움추려 이서서 창구녘으로 영 보니, 이제 사름 이신츠룩해블민 하, 일어낭 놀았닥 올랐닥 자꾸 하는 거라. 하, 이거 큰일났다구.

그 날 저녁은 그 애왁을 하여, 사실은 여차 여차하다고. 애왁을 하였거든. 그 아방 된 이가 겁을 내영, '이거 큰일났다. 나라의 법죄를 할 거이니 우린 다 죽게 될 것이니, 이건 아마 산형 때문인 것이니 이 산은 천리[移葬]를 해야겠다.' 고.

그래서 해 보니 황새가 된 후제 뒷발은 일어난 앞발은 꿀렁이서, 천리를 해 버리까 그 아이들이 다 죽어 버런. 지금 화순 목장인디, 그 자리에 어디서 북군 사름이 왕 영장을 하였젠, 장수가 되구말구.[34]

34) 한국정신문화연구원 편, 『한국구비문학대계 9-3』(한국정신문화연구원, 1983년), 388~389쪽.

　상층 지배구조와 하층 지배구조 사이에서 인적·물적으로
착취·억압당하고, 계급적으로 차별받던 기층민중들은 스스
로의 신분상승과 해방을 위하여 봉건왕조와 맞서 싸워야만 하
였으나, 불행히도 그들은 거대한 민중의 어둠에 휩싸여 극히
이기주의적이고 자기보존 본능적인 기회주의 속성 때문에 하
늘이 준 모처럼의 기회를 저버리고 좌절하고 마는데, 이것이
아기장수 이야기의 기본 화소이다.

　ㄱ과 ㅅ에서 보는 바와 같이, 아기장수의 출생은 이미 하늘
에서 점지한 것이다. ㄱ의 아기장수 이야기는 말한이가 횡설
수설하여 본뜻을 헤아려 보기가 힘들다. 이러한 점을 감안하
면서 ㄱ의 신화를 살펴보면, 부모가 죽었는데도 장례를 치르
지 못하고 가매장을 하여 두었는데, 중이 나타나 묘자리를 잡
아 주는 것으로 되어 있다. 아마도 장군대좌(將軍對坐)에 묘
를 쓴 듯한데, 그 뒤에 아기장수가 출생하였다고 한다. 잘되면
충신이요, 못되면 역적이라고 믿은 부모가 아기장수를 팥섬으
로 눌러 죽인 후, 사흘 만에 중이 아기장수를 찾으러 온다. 여
기서 아기장수를 점지한 것은 중으로 되어 있는데, 중은 단순
한 중이 아니라 하늘의 뜻을 전달하는 일종의 사자로 보인다.
ㅅ의 경우는 중이나 이인이 나타나 묘자리를 점지한 이야기는
생략되고, 다만 오공(蜈蚣)혈에 무덤을 쓰고 난 뒤 쌍둥이 아
기장수를 낳게 되니, 그것이 산형 때문이라고 믿고 천리를 하
여, 아기장수를 죽이고 만다. 이 경우 아기장수의 출생은 그
필연성을 지나치게 묘자리에 기대고 있는데, 천리를 한 자리

에 북제주군 사람이 다시 영장을 하였다는 이야기가 그것이다. 아기장수가 출생하는 묘자리는 위에 나온 장군대좌와 오공혈 이외에 상제봉조(上帝奉朝)나 사자앙천(獅子仰天)으로 되어 있다.

물론 여기서 하늘이란 백성을 말하니, 하늘의 뜻이란 곧 백성의 뜻이다. 즉 무능하고 썩은 봉건왕조를 엎어 버리고, 새로운 하늘을 열어 갈 아기장수를 백성들은 고대하고 있는 것이다.

ㄱ·ㄴ·ㄷ·ㄹ·ㅁ·ㅂ·ㅅ에서 공히 보는 바와 같이, 아기장수의 활동 공간은 천상과 지상이고, 변신 공간은 지하로 되어 있다. ㄴ과 ㄷ은 날개계열 설화로 북방계 국조신화로 보인다. ㅁ은 남방계 불구계열 신화로 보이며, 나머지 ㄱ·ㄹ·ㅂ·ㅅ은 북방계와 남방계가 뒤섞인 습합계열 신화로 보인다.

북방계 국조신화로 날개계열의 모태로 보이는 역사적 기록은 고구려 유리왕 24년 9월에 나타난다. 왕이 기산이라는 들에서 밭을 갈다가 양 겨드랑이에 날개 달린 이인을 만나 조정에 등용하고 우씨(羽氏)라는 성을 주었다고 한다.

ㄴ과 ㄷ에서 아기장수의 활동 공간은 천상으로 보이는 벽과 천장이다. 뚜렷한 날개나 비늘이 보이는 것은 아니나, ㄴ신화에서 아기장수는 출생한 지 사흘 만에 벽에도 붙고 천장에도 붙으며, 지상인 네 방구석에서 활쏘기와 총쏘기를 한다. ㄷ신화에서는 아기장수가 맞장수로 변신할 동삼과 함께 노는데, 이는 하늘에서 내려온 아기장수가 지상의 존귀한 생명과 더불

어 뒷날을 도모할 놀이를 하고 있다는 점이 특이하며, 손목에 명주실을 매여 동삼을 확인하는 화소는 견훤의 출생담과 유사한 데가 있다. ㄴ의 아기장수는 출생한 지 이레 만에 어머니가 구해 준 들깨 서 말, 아주까리 서 말을 옆구리에 낀 후, 어머니에게는 자신의 출처를 아무에게도 말하지 말라 하고 돌 속으로 들어가 변신을 도모한다. 아기장수는 지하세계로 들어가기 위해 풀잎을 뜯어 돌을 톡톡 두드린 다음 땅 속으로 들어간다. 여기서 풀잎이란 '새 또는 샛대'를 말하는데 보통 띠풀이나 억새를 말하며, 이를 학자들은 우주목의 한 변형으로 보고 있다.[35] 그 후 병정들이 와서 어머니를 다그치자 그만 출처를 말하니, 병정들이 돌 속으로 들어가는 바람에 곡물이 병사가 되어 말을 타려고 하다 공기를 쐬어 모두 스러지고 만다.

ㅁ은 대표적인 남방계 불구설화로 보이는데, 아기장수는 11살이 되도록 걷지도 못하고 말도 못 하여 어머니 등에 업혀 지낸다. 이러한 불구설화는 『삼국유사』의 '사복'에서도 찾아볼 수 있다. 사복은 아비 없이 과부의 몸에서 태어나 12살이 되도록 말을 못하고 일어서지도 못하였으나, 어머니가 죽은 후, 활리산 동쪽 기슭에 이르러 풀리를 뽑고 죽은 어머니를 업은 채 지하세계로 들어간 것으로 되어 있다. 이러한 불구 아기장수가 11살이 되었을 때, 세 사람이 나타나 모를 심는 아기장수의

---

35) 황패강, 「사복설화시론」, 『한국서사문학연구』(단국대학교출판부, 1977년), 175쪽과 183쪽.

어머니에게 "당신 오늘 심은 모가 모두 몇 포기나 되느냐?"라고 놀리는 말에 어머니가 대답을 못 하자, 아기장수는 "당신이 오늘 걸은 발자국이 모두 몇 자국이오."라고 왜 반문을 못 했느냐고 어머니를 나무란다. 이는 대표적인 쟁패 화소로 볼 수 있다.

불구 아기장수는 세 사람이 자신을 잡으러 온 병정임을 알고 어머니에게 부탁하여 장 부자와 최 부자네에서 적두팥 서 말과 잔조 서 말을 얻어 가지고, 지하세계인 바위틈으로 들어간다. 어머니의 발설로 세 사람의 병정이 바위틈 새로 들어가자, 팥은 모두 말이 되고 잔조는 모두 장수가 되어 막 말을 타려고 하는 찰나에 안개처럼 잦아들고 만다.

나머지 ㄱ·ㄹ·ㅂ·ㅅ은 날개계열 신화이면서 옛 신라 지역에서 채록된 설화로, 아기장수를 죽이는 방법이 지나치게 참혹하여, 여기서는 북방계열 신화와 남방계열 신화가 습합된 습합계열 설화로 분류하였다. 습합계열 신화에서는 ㄹ만 빼고 나머지는 모두 날개계열 아기장수 설화로 보이는데, 지하세계의 변신 과정은 보이지 않는다.

ㄱ에서 아기장수는 태어난 지 한 달 만에 가래나무를 오르락내리락하며 재주를 부리는 것으로 되어 있다. 한밤중에 어머니의 품을 떠난 아기장수는 가죽나무를 날아 오르내린 관계로 땀에 젖어 어머니 품속으로 돌아오곤 하였다. ㄹ의 송씨 집안에서 태어난 아기장수는 한밤중에 재릅(껍질을 벗긴 삼대. 거창지역에서는 지릅이라고 함)을 한 주먹 꺾어 영주 모래강변

에 나가 진법을 논 것으로 되어 있다. ㅂ에서 아기장수는 어머니가 방아품을 팔고 돌아와 보니 삼칠일 전인 아기가 천장에 붙어 있는 것으로 되어 있다. ㅅ에는 구덕에 엇바꾸어 누인 쌍둥이 아기장수가 사람이 없는 줄 알면 공중으로 뛰었다가 발을 바꾸어 눕는 것으로 되어 있다.

ㄱ·ㄴ·ㄷ·ㄹ·ㅁ·ㅂ·ㅅ 모두 아기장수를 죽이는 것은 어머니와 아버지, 또는 할아버지로 되어 있다. 그들이야말로 새로운 세상을 열어 갈 아기장수를 죽이는 무지와 무명의 장본인들이다. 남방계 신화로 보이는 ㅁ에서는 아버지가 없고, 어머니가 주도적으로 아기장수를 죽이는 것으로 되어 있으며, 남방계와 북방계의 습합 설화인 ㄱ·ㄹ·ㅂ·ㅅ에서는 아기장수의 신이한 행동을 발견한 것은 어머니이지만, 아기장수를 주도적으로 죽이는 것은 아버지나 할아버지로 되어 있다.

북방계 날개계열 신화인 ㄴ에서는 들깨와 아주까리가 장수와 말이 되려는 순간에 바람을 쐬어 스러지고 만다. 그리고 ㄷ에서는 아기장수의 신이한 행동을 어머니가 관에 알려 죽이고 만다. 남방계 불구 신화인 ㅁ에서도 적두팥 서 말과 잔조 서 말이 모두 장수와 말이 되려는 찰나에 관군이 돌 틈으로 들어가는 바람에 안개처럼 잦아들고 만다. 그러나 습합 신화인 ㄱ에서는 어머니가 아기장수의 신이한 행동을 발견하고 시아버지에게 일러 아기장수를 팥 섬으로 눌러 죽이며, ㄹ에서는 내외가 아기장수의 신이한 행동을 발견하고 할아버지에게 말한 뒤, 널에 넣고 뇌수에 못을 쳐서 죽이고, ㅂ에서는 아기장수의 신이한 행동을 발견한 어머니가 아버지에게 말하여 아기장수를 기름틀에 넣고 곡물 석 섬을 실어 눌러 죽인다. 그리고 ㅅ에서는 무덤을 천리하여 아기장수 스스로 죽게 하고 만다.

아기장수를 죽이면서도 부모의 갈등과 고민은 잘 드러나지 않는다. 오히려 아기장수가 역적이 되어 삼족을 멸할까 두려워하는 가족이기주의가 아기장수를 죽이도록 강요한다. 아기장수의 저항이 전혀 없는 상태에서 부모는 일방적으로 아기장수를 죽이고 만다. ㅁ처럼 "엄마, 니 축구(바보)다."라고 어머니를 나무라는 경우는 거의 예외라 할 수 있다. 부모가 아기장수를 죽이려 해도 죽일 수 없게 되었을 때, 오히려 아기장수는 부모에게 자신의 겨드랑이 아래 날개나 비늘을 떼라고 가르쳐 준다. 부모는 무자비하게도 아기장수의 날개나 비늘을 산대나 샛대로 찔러 죽이고 만다. 위에서 살펴본 바와 같이, 부모가 아기장수를 압살하는 경우도 많은데, 이는 부모가 자신과 가족을 지나치게 보전하려는 가족이기주의의 표본이다.

곡물군사와 용마는 아기장수를 후원하는 신병이다. 북방계 신화인 ㄴ과 ㄷ에는 곡물병사와 청마가 각각 나타나며, 남방계 불구 아기장수 신화인 ㅁ에는 곡물군사는 나타나나 용마는 보이지 않는다. 습합계열인 ㄱ·ㄹ·ㅂ에는 용마는 나타나나 곡물군사는 보이지 않으며, ㅅ에는 용마 대신 황새가 나타나는 점이 특이하다.

앞에서 살펴본 바와 같이, 아기장수는 곡물을 가지고 지하세계로 들어가 새로운 변신을 꾀하게 된다. 민중의 생명활동과 밀접한 관계를 맺고 있는 곡물이 아기장수의 신병이 된다는 사실은 매우 시사적이다.

겨드랑이에 날개와 비늘이 난 아기장수가 용마를 타고 세상에 나타나 새로운 세상을 열어 갈 것이라는 기층민중의 믿음은 그들의 뿌리 깊은 소망을 반영한다.

김수업은 아기장수의 겨드랑이에 난 비늘을 군왕의 상징으로 보고 있다. 그는 작제건 설화에서 보듯 고려 왕조의 왕건이 용의 후손으로 전승되었으며, 고려의 왕족은 용손(龍孫)이라는 전승은 우왕의 죽음 설화에서 보듯 이성계의 혁명을 거부하면서, 제왕의 상징으로 용이 굳혀졌다고 본다. 또 이러한 전승 의식을 다시 조선 왕조가 이성계와 그 조상들을 용들로 표현하는 「용비어천가」에서 활용함으로써 용은 군왕의 상징으로 이 두 왕조 시대에 크게 부각되었던 것으로 보고 있다.[36]

이렇게 아기장수가 단순히 탁월한 힘을 지닌 장수가 아니라, 기층민중에게 꿈과 희망을 실현시키는 새로운 세상을 열어 갈 군왕이라는 사실은 신화를 극적으로 반전시키면서, 이렇게 하늘이 내린 소명을 띠고 태어난 아기장수를 죽인 부모를 책망하고, 분노하고, 좌절하게 만든다.

그리고 용마는 아기장수의 출생을 예시하고 사실화할 뿐만 아니라, 아기장수의 죽음으로 무용지물이 된 용마는 부모의

---

36) 김수업, 「아기장수 이야기 연구」(경북대학교 박사학위논문, 1994년), 195쪽.

어이없는 무지와 무명을 힐책하고, 반성하게 한다. 그러므로 용마는 기층민중의 역사적 바람의 상징이다.

이렇게 아기장수 이야기는 단순한 신화나 설화의 자리에 머무르지 않고, 사회적 의미와 기능을 갖는다.

12세기에는 무인의 집권으로 왕권이 무너지자 황민이 전국을 휩쓸게 되고, 노비들의 신분해방운동은 13세기까지 이어진다. 최충헌의 사노 만적은 "왕후장상의 씨가 어디 따로 있느냐."라고 선언하고 미조이·연복·성복·소삼·효삼 등과 함께 반란을 일으켰다가 잡혀 죽으니 이들이 바로 민중의 아기장수가 아닌가.

14세기 이성계의 건국에 저항하던 농민항쟁은 15세기까지 계속되며, 16세기 임진왜란을 당하여 요원의 불길처럼 일어난 민족해방운동은 이제까지 농투산이였던 이들을 의병장으로 불러 일으켰는데, 곽재우·고경명·김덕령·김천일 등이 바로 아기장수의 화신이었다.

조선 말기, 안동 김씨의 세도정치로 삼정이 문란하여지자 유민이 창궐하게 되고, 이 때 '사람이 곧 하늘'이라고 천명한 수운과 해월은 바로 민중의 아기장수였다.

1930년대는 카프 문예운동을 통하여, 1970년과 1980년대는 이 땅을 온통 불길로 수놓았던 민족운동을 통하여 수많은 아기장수가 태어나고 죽어 갔다. 아기장수 이야기는 어제의 신화나 설화의 화석이 아니라, 오늘의 생명을 창조하는 활방이다.

이상에서 살펴본 바와 같이, 황석영이 대하소설 『장길산』을 통하여 '민중의 어둠'과 '겨레의 무지와 무명'을 형상화하려는 의도가 분명하게 드러났다. 그리고 이러한 황석영의 현실주의는 작가의 좁은 세계관이나 시대상의 억압에서 나온 것이 아니라, 오랫동안 끊임없이 지속되어 온 우리의 문화환경에서 비롯되었다는 사실을 확인하였다.

또 서로 나누고 베푸는 민중의 소박한 미덕도 보상이 없이는 이루어지지 않는다는 사실은 민중정신의 타락을 의미한다. 서로 나누고 베푸는 일이 아름다운 미덕이기는 하지만, 주요 모순을 해결할 수 없기 때문에 역사의 주체로 일어선 민중은 역성혁명을 도모할 수밖에 없었다.

그러나 향리의 토반세력이었던 진사의 각성은 엄격한 현실적 한계에 부딪치게 된다. 그들이 새로운 세상을 열어 갈 어떤 용력을 지니고 있다 해도 그것은 봉건왕조국가의 기본 질서 안에 머무를 수밖에 없었다. 글 아는 이의 각성과 깨도도 진사의 그것과 다르지 않다. 민중이 역성혁명의 우두머리가 된 경우도 자신의 무지와 무명 때문에, 혹은 글 아는 자의 이기주의 때문에 패배의 나락으로 떨어지고 만다. 아기장수의 어이없는 죽음은 이러한 총체적인 무지와 무명을 대변한다.

황석영의 대하소설 『장길산』은 이러한 '민중의 어둠'과 '겨레의 무지와 무명'을 방어기제로 삼는 짜임새와 틀을 갖추고 있다. 서사에 보이는 장산곶매는 수리와 싸워 이긴 후 구렁이를 물리치나, 민중이 매어 준 오른발의 붉은 색실 매듭 때문에 나뭇가지에 걸려 죽고 만다. 여기서 민중이 장산곶매의 발에 매어 준 매듭은 민중의 인습과 굴레이며, 그것이 일종의 무지와 무명이 되어 『장길산』을 관통하는 방어기제가 될 것임을 예시한다. 또한 결사에서는 능주 땅 운주사에서 노비가 나라의 주인이 되는 세상을 꿈꾸며 하룻밤 사이에 천불천탑을 세우려 하나, 노고를 참지 못한 한 노비가 닭이 울었다고 거짓말을 하여 용화세상은 무위로 돌아가고 만다. 한 노비의 무지와 무명이 역성혁명을 그르치고 만 셈이다. 이런 서사와 결사 가운데는 무수한 민중의 어둠과 겨레의 무지, 무명이 반복적으로 강조된다. 오계준의 무당 일파와 대성 법주가 이끄는 승병과 장길산이 주도하는 기마병단은 일종의 진인으로 보이는 여환과 원향을 적진의 미끼로 던져 주고 나서 개구멍을 찾아 도주하기에 겨를이 없는데, 이를 작가는 현실주의라고 부른다.

역사가는 역사적 진실을 찾으려 한다. 그러니까 역사가는 '살았는가'·'죽었는가'라는 질문을 던질 수 있으며, 또는 '이겼는가'·'졌는가'라는 의문을 던질 수 있다. 그러나 작가는 서사적 진실을 찾아야만 한다. 작가는 '어떻게 살았는가'·'어떻게 죽었는가'라고 물어야 하며, '어떻게 이겼는가'·'어떻게 졌는가'를 묻지 않으면 안 된다.

역사가는 역사적 진실을 존재 그대로 밝히면 그만이지만, 작가는 서사적 진실을 당위로써 세워야만 한다. 그러니까 작가는 역사적 진실을 '무엇을 어떻게'라는 근본적인 물음에 따라 역사를 재창조하는 것이다. 그것이 서사문학이다.

논자는 앞에서 거듭하여 황석영의 현실주의는 작가의 세계
관이나 시대의 억압 때문에 비롯된 것이 아니라, 일종의 한국
문화환경이 빚어 낸 필연적인 결과라고 밝힌 바 있다. 말하자
면 황석영의 대하소설『장길산』은 황석영만의 창작이 아니라,
이 땅에서 무수히 살다 죽은 민중들의 공동창작인 셈이다. 다
음에서 살펴볼「박장각」은 오늘날 현대소설에 비길지라도 서
사성이나 짜임새가 결코 뒤지지 않으나, '민중의 어둠'이라는
화소는 대하소설『장길산』과 다를 바 없다.「박장각」은 우리
이야기 문학의 잔인하고도 엄혹한 현실주의를 그대로 반영하
고 있다.


박장각은 어디 사람이며 이름이 무엇인지조차 모른다. 다만
두 다리가 유난히 길기 때문에 사람들이 장각이라고 불렀던
것이다. 체구가 장대하고 생김이 우람하며 완력도 초등하였
다.

장각은 일찍 아비를 여의고 집이 매우 빈한해서 노동을 하여
어미를 봉양하였다. 좋은 반찬을 떨어뜨리지 아니하고 어미의
뜻을 일호도 저버리는 법이 없었다. 총각 때에 누구와 주먹다
짐을 하다가 잘못 사람을 죽여서 어미를 업고 도망가 나무를
하고 사냥을 해서 살아갔다.

어느 날 군도들이 장각의 외모가 비상한 것을 보고 입당할
것을 강요하였다. 장각이 노모가 계셔서 안 되겠다고 사양하
니, "변산이 우리의 소굴이라오. 우리들 가족도 같이 있지요.

당신 어머니를 모시고 가면 편히 거처해 드릴 수 있고 또 고적하지도 않으리다. 함께 떠납시다." 장각은 모친이 아무래도 입당하는 것을 허락하지 않을 줄 알고 군도들에게 간청하였다. "모친이 이사하기를 불편하게 여기신다우. 모친이 돌아가신 후 이 몸을 여러분에게 바치겠소." 하고, 굳이 사양해 마지않으니 그들도 진심임을 알고 돈과 비단을 내주는 것이었다. 장각은 그것도 사양하고 받지 않았다. 모친이 세상을 떠나자 비로소 적당에 투신하였던 것이다.

일당이 부안의 변산에 근거를 두고 전라·충청 양도 사이를 횡행하였으며 무리가 3백 명이었다. 그들은 장각을 추대하여 우두머리를 삼았다.

장각은 아주 용맹하고 날래어서 4, 5길 정도는 획획 날았으며 걷고 달리기를 잘 하여서 하루 4, 5백 리를 걷고도 지칠 줄 몰랐다. 그리고 언변도 아주 능하였으며 지략이 놀라웠다. 도둑질하는 수단이 교묘하여 개구멍이나 뚫는 좀도둑의 짓을 아니하였다. 어떤 때는 거마에 별배·구종까지 거느리고 백주에 남의 집에 버젓이 들어가서 재물을 탈취하였으며, 혹은 관청에서 상납하는 봉물과 각처에서 운수하는 물화를 털기도 하였다. 그러면서도 부하들을 경계하여 국고의 조세며 공납으로 들어가는 것이라든지 등짐·봇짐장수며 나그네의 보따리는 절대로 손대지 못하게 하였다. 오직 벼슬아치들의 뇌물과 부상들이 모리해서 얻은 재물을 가차없이 빼앗았던 것이다. 더러 시골 마을을 털기도 하는데 가난한 농가나 점막 따위는 피해를 안 주고 오로지 부잣집만 들어갔다. 완강하게 덤비지 않으면 몽둥이나 칼을 휘두르지 않고 위엄을 보이는 정도에서 그쳤다. 탈취한 금전으로 종종 빈민을 구제하였으며, 자신은 언제나 허름한 복장을 하고 다녔다.

이 때문에 장각의 이름이 온 나라에 유명하여 대적으로 일컬어졌으나 사람들은 대개 의적으로 치고 있었다.

전라도 순찰사가 좌·우병수영 및 각 진의 토포사에게 명하여 매년 도둑의 기포를 엄하게 하였지만 기껏 그 졸도나 붙잡았을 뿐이요, 장각에 대해서는 손도 못 대었다.

영조 26년 경오년에 이관상 병사가 전주 영장으로 와 있었다. 이 병사는 장각이 일당 수십 인을 거느리고 공북루에 와서 술에 취해 쓰러져 있는 줄 알고 군교를 풀어서 잡아 오게 하였다. 일당을 모짝 붙잡았으나 장각만은 다락에서 뛰어내려 도주하였다.

그 얼마 후 수문군이 들어와 장각이 뵙기를 청한다고 아뢰는 것이었다. 이 병사는 편의로 좌우를 물리치고 면대하기로 하였다. 장각이 들어왔다. 철이 한여름인데 반무릎 차는 솜옷을 입고 고의도 그런 것이었으며, 패랭이를 쓰고, 삼신을 신고, 행전을 친 정강이로 뚜벅뚜벅 걸어오는 것이었다. 키는 보통 사람이 허리 아래를 돌 정도였다. 허리를 굽신하고 일어나서 관정의 중앙에 우뚝 섰다.

"너는 도둑놈이요, 나는 도둑놈을 잡는 관인인데, 어찌 죽을 곳에 자청하여 들어왔느냐?"

장각은 껄껄 웃으며, "공북루 상에 있던 23인의 도둑을 사또님은 가만히 앉아서 알아 내셨다구요. 어떻게 그리도 귀신 같으십니까? 사또님을 한번 뵈옵고 싶어 이렇게 당돌히 찾아온 것입니다. 그렇지만 사또님이 저를 죽이지는 못하리다. 전에도 제가 이 곳에 온 것이 한두 번이 아니었습니다. 언제고 신관 사또께서 도임하신 줄 알면 곧 달려와서 뵙기를 청했지요. 그 때마다 사또들은 반드시 위의를 차리고 급창이 전갈을 해서 불러들입니다. 일견에 그 위인을 알 수 있지요. 말위용치들이 호령하며 부산을 떨지만 위엄이란 쥐뿔도 안 보입디다. 큰 칼과 철쇄를 몸에 씌우면 소인은 멍청히 머리를 떨구고 하는 양을 두고 보다가 이윽고 "하옥하라." 할 때에 기지개를 한 번 켜면 결박이 뚝뚝 끊어지고 순간에 큰칼도 부서집니다. 높은 자리에 앉은 어른을 향하여 침을 탁 배앝고 담장을 훌쩍 넘어 나가면 누가 감히 나를 막겠습니까? 이러저러 수년 지내 왔습죠."

"내가 칼을 뽑아 너를 버히면 어찌하려느냐?"

"사또님이 나를 죽일 도리가 있으시다면 그야 장각이 상관할 일이 아닙니다. 허나 살아날 도리는 내 스스로 차려야지요. 양호상박에 양편 다 성치 못할 듯하옵니다. 천금지자는 마루 끝에 나앉지 않는다 하였소. 구구히 살아가는 천생이야 아무렴 어떻습니까만 사또님은 어찌 일시 불끈한 기운으로 필부의 행사를 하시어 가벼이 처신할 수가 있습니까?"

이에 이 병사는 태도를 고치고 장각을 맞이하였다. 의리로 깨우치매 장각은 드디어 감복하는 것이었다. 장각에게 토포군관을 즉차하여 그 일당을 잡아 오도록 하였다.

장각이 가더니 한 달이 지나도록 소식이 없었다. 모두들 도둑에게 속았다고 생각했다. 미구에 과연 일당 백여 명을 거느리고 귀순하였다. 진실인지 여부를 조사해 보고 모두 양민으로 귀화시켰다. 그로부터 장각이 도둑 잡는 데 수완을 발휘하여 도둑이 종적을 감추었다. 그리하여 백성이 도둑의 화를 입는 일이 없어져 사방이 평온하게 되었던 것이다.

이 병사가 타군으로 전임하여 떠나매 장각을 불러 물었다.

"너는 장차 어디로 가려느냐? 앞으로 길이 선량한 백성이 되겠느냐?"

"이미 저를 알아주시는 은혜를 입었사오니 두 마음을 먹지 않겠습니다. 다만 이제 타도로 피할까 합니다. 사또께오서 뒤에 만약 장각이 도둑질한다는 말을 들으시면 만 번 죽여도 달게 받겠습니다."

뒤에 들은 소문이지만, 장각은 온양군의 북야촌으로 이사 가서 신삼기를 업으로 하다가, 몇 년 후에 어디론가 종적을 감추었다 한다. 혹은 머리를 깎고 중이 되었다는 말도 있다.[37]


위에서 보는 바와 같이, 박장각은 다리가 유난히 길고 생김이 우람하고 완력이 초등한 인물이다. 부안의 변산군도가 입

---

당을 권하였을 때 박장각은 늙은 어머니를 핑계로 입당을 거부하고 군도가 돈과 비단을 주었으나 사양하였으며, 어머니가 세상을 떠나자 비로소 입당하였다.

박장각의 녹림당에 입당하기 전까지 행각은 『장길산』의 책사 김기를 상기시킨다. 과거에 낙방하여 주막에서 목을 매고 죽으려는 김기를 이갑송이 도와 주어 구월산 녹림당에 입당을 권고하였으나, 그는 어머니를 핑계로 거절한다. 이갑송은 부모처자가 곤경에 처해 김기가 녹림당으로 들어오지 못하는 사정을 듣고서는 집을 마련하여 이사를 시키고, 장길산은 운봉산에서 돌아와 김기가 원수를 갚도록 도와 준다. 말하자면 김기는 구월산 두령들로부터 이러저러한 많은 혜택을 입은 인물이며, 이른바 글 아는 선비인 셈이다.

그런데 구월산 두령인 책사로서 김기가 한 행동은 무엇인가. 최형기에 의하여 토포된 구월산 산채를 돌아보며 된목이골을 '물독에 든 고기' 또는 '하늘에 뜬 외기러기'라고 평가한 그가 주동이 되어 잡았으리라고 추측되는 장길산의 세 번째 산채인 운봉산 초천 마을은 입구가 주머니처럼 움푹 팬 20여 리의 골짜기였다. 토포장 최형기가 이 곳에 두 겹, 세 겹으로 그물을 치고 초천 마을을 습격하자, 가족을 이끌고 피신하던 김기와 강말득은 토포군의 총포에 맞아 사살되고, 가족은 생포되어 관군에 압송된다. 김기의 거듭된 오판은 자신을 죽음으로 내몰았을 뿐만 아니라, 구월산 두령들과 가족마저도 나락으로 떨어뜨리고 말았다. 또 그는 앞장서서 장길산 부대의 거사 참여를 저지시킨 인물이기도 하다.

군도에 입당한 박장각의 행적은 림꺽정이나 장길산에 비하여 못 할 바가 없었다. 부안에 근거를 둔 군도의 무리는 3백이었으며, 전라·충청지역에서 활동하였다. 장각이 용맹하고 날래어서 4, 5길 정도는 휙휙 날았으며, 걷고 달리기를 잘하여 하루 4, 5백 리를 걷고도 지칠 줄 몰랐다는 사실로 미루어 그의 능력은 림꺽정이나 장길산에 비하여 손색이 없어 보인다. 어떤 때는 거마에 별배·구종까지 거느리고 백주에 남의 집에 버젓이 들어가서 재물을 탈취하였으며, 혹은 관청에서 상납하는 봉물과 각처에서 운수하는 물화를 턴 것으로 보아 그 대담성도 림과 장에 비하여 뒤지는 바가 없었다. 그는 부하를 경계하여 국고의 조세며 공납으로 들어가는 것이라든지, 등짐·봇짐장수며 나그네의 보따리는 절대로 손대지 못하게 하고 오직 벼슬아치들의 뇌물과 부상들이 모리해서 얻은 재물만을 빼앗았던 것으로 보아 녹림의적으로 행세한 듯하다. 또 그가 탈취한 재물로 종종 빈민을 구제한 것으로 보아, 활빈당으로도 행세한 듯하다.

그렇다면 의적과 활빈당으로 행세하던 박장각이 과연 역성혁명으로 도탄에 빠진 민중을 근본적으로 구제하려는 하늘의 뜻을 지닌 아기장수였던가. 아니다. 영조 26년 이 병사가 전주 영장으로 부임하였을 때, 박장각은 철이 한여름인데 반무릎차는 솜옷을 입고, 고의도 그런 것이었으며, 패랭이를 쓰고, 삼신을 신고, 행전을 친 모습으로 나타난다. 무엇 때문인가.

210

박의 말로는 이 병사가 동헌에 가만히 앉아서도 공복루 위에 23인의 도둑의 행적을 소상히 아는 지모에 놀라 찾아왔다고 말하나, 사실은 "전에도 제가 이 곳에 온 것이 한두 번이 아니였습니다."라는 말로 미루어볼 때, 이미 그는 투항·자수할 의사를 지닌 것으로 보인다. 과연 이 병사가 의리로 깨우치매 박은 감복하여, 그에게 토포군관을 즉차하여 도둑을 잡아 오게 하니 미구에 일당 백여 명을 거느리고 귀순하였다. 그는 새 세상을 열어 갈 백성의 아기장수가 아니라 도둑을 잡아들이는 관청의 앞잡이가 되고 만 것이다. 또 이 병사가 타군으로 전임하자 박은 온양군으로 이사 가서 신삼기를 업으로 하다가 중이 되었다고도 하니 참으로 어이없는 일이다.

그렇다면 박장각은 '녹림당'·'명화적당'이고, 장길산은 과연 '의적'이며, '활빈당'인가.

여환이 거사기일을 18일로 앞당기자, 오계준은 가장 먼저 등을 돌리고, 병력 동원을 만류하는 김기의 주장에 긴가민가하여 장길산이 대성 법주를 찾아가니, 풍열의 명이라 하여 대성 법주의 승병마저 빠져 버린다. 여환당의 역모를 앞뒤에서 직·간접으로 충동하였던 운부·풍열 등은 물론이고, 오계준·김기·장길산·대성 법주 등도 철저히 배신을 하고 만 것이다.

옥여는 길산에게 "그러면 장 두령은 이번 거사에 동참하지 않겠다는 말이오?"라고 묻자, 장길산은 "북선의 활빈당은 물론이요, 팔도의 녹림당을 움직일 수 있는 신표"인 칼을 옥여에게 풀어 주며, "장길산이라는 이름을 버리고, 팔도의 활빈도라는 수많은 무리들만 남기려는 뜻"이라고 하였다. 이는 장길산이 앞으로 역모에 가담하지 않겠다는 뜻을 분명하게 전달한 부분이라고 할 수 있다.

또 옥여의 "한양에서 11월 중에 거사할 날짜가 정해지면, 대성 법주의 강원도 병력과 합대해 달라."는 요청에 대하여, 장길산은 서수라와 백두산 인근 일대에 광활한 무인지경으로 들어가 각처의 유민들과 더불어 다시 시작하겠다고 말한다. 이는 장길산이 역모를 포기하고, 새로운 산채를 찾아 잠행하겠다는 뜻을 재천명한 것이다.

이렇게 거사 참여를 철저히 거부한 장길산은 활빈도를 토포하는 데 앞장섰던 고달근을 효수하고, 운산 군수로 도임한 최형기를 칼로 제압한다. 그리고 마감동이 그렇게 죽었던 것처럼 최흥복이 최형기를 총을 쏘아 죽인다. 또 아내와 자식의 구명은 포기하지만, 별로 통 큰 사람처럼 보이진 않는다.

이렇게 박장각과 장길산은 이기주의와 기회주의라는 측면에서 볼 때 뚜렷하게 구분되지 않는다.

# 6. 마무리

1970년대 군부의 개발독재정권 아래서, 사회운동은 정치적으로 민주화를 요구하는 시민운동이며 경제적 평등을 요구하는 노동운동이었다. 이 시기에 일어난 민중·민족문학운동은 리얼리즘 문예운동으로 전개되었으며, 신동엽·김지하 등은 민중을 계급적으로 인식하게 되었다.

1970년대 신예작가로 등단한 황석영은 중편소설「객지」, 단편소설「삼포 가는 길」 등으로 노동문제를 한국문학의 중심 화두로 끌어올렸으며, 대하소설『장길산』에서는 사회변혁과 역성혁명의 가능성을 리얼리즘으로 형상화하려 하였다. 황석영에게 리얼리즘은 사실주의가 아니라 현실주의로 인식되었으며, 이러한 황석영의 현실인식은 '맞서 버팀'과 '서로 나눔'이라는 두 가지 양식으로 드러난다. 앞의 경우가 중편「객지」이고, 뒤의 경우가 단편「삼포 가는 길」이며, 두 가지 형태가 혼합된 소설이『장길산』이다.

70년대 초반 냉전체재 아래서 1930년대 한국의 카프문학을 효과적으로 체험한다거나 러시아의 사회주의 소설, 또는 조선의 고상한 애국주의 소설 작품을 제대로 읽어 볼 수 없었던 독자대중에게 황석영의 「객지」와 같은 사실주의 소설은 전율적인 감동을 주었을 것으로 믿어진다. 왜냐하면 그것은 참혹한 현실과의 맞닥뜨림이며, 입에 남포를 물고 심지에 불을 붙여 공중으로 날아가는 충격이기 때문이다. 물론 「객지」가 머금고 있는 계급성의 미약한 인식이나, 부랑 노동자의 철저하지 못한 민중성, 또는 깨도나 각성이 생략된 주된 인물의 미약한 역사성은 당대 사실주의 문학의 취약성으로 남아 있다.

「삼포 가는 길」은 빼고 보탤 것이 없는 완벽한 형식의 단편이며, 잘 빚어진 항아리처럼 주제가 절제되고 문장은 탄탄하게 압축되어 있어 우리 시대의 고전적 단편이라고 불러도 무방할 것이다. 「삼포 가는 길」은 앞서 살펴본 「객지」나 「야근」보다 현실적 억압구조인 계급성이 약화되거나 사라져 버린다. 그럼에도 불구하고 어디에도 뿌리를 내릴 길 없던 세 명의 부랑 노동자는 눈길 위에서 모처럼 고향에 돌아온 듯한 따뜻한 일체감을 체험하게 된다. 그것은 길을 가며 잠시나마 그들이 맛본 열반세상이고, 용화세상이다.

그러나 결말은 세 명의 부랑 노동자가 고향에 뿌리를 내리지 못하고 또다시 정처 없이 길을 떠날 것임을 암시하고 있다. 결국 세 사람은 원점 회귀하여 또다시 길을 떠난다. 또다른 어떤 길에서 그들 스스로가 어떤 용화세상을 만들지는 아무도 모른다.

대하소설 『장길산』은 해방 후 남한에서 창작된 작품 가운데서 탁월한 역사소설로 평가받고 있다. 또한 소설은 사회변혁과 역성혁명을 일정하게 형상화하면서 광대·노비·승려·무당·백정·사공·창기 등으로 대표되는 천민들이 농민·중인·공장이 등과 손을 잡고, 스스로의 계급을 각성하여 역사적 주체로 일어서는 과정을 전형화하였다.

소설은 중편 「객지」가 그랬던 것처럼, 하층 착취지배구조를 긴밀하게 형상화하는 데는 성공하였으나, 상층 착취지배구조와 일정한 거리를 유지함으로써 계급성을 제대로 형상화하지 못하였다. 그리고 소설은 작가의 현실주의적 세계관 때문에, 리얼리즘이 머금고 있는 사회변혁과 역성혁명의 전망을 흐려놓고 있다. 또 민중의 서로 나눔이라는 활인과 활빈을 밑바다로 한 민중 지향성이 탁월한 감동을 줌에도 불구하고, 소설이 역사의 주체로 일어서는 민중의 역사성을 형상화하는 데 실패한 까닭은 주동적 인물인 운부·풍열·장길산·김기·대성법주·오계준 등을 입체적 인물이 아닌 현실적 인물로 전형화한 데 있다. 결국 소설은 부처의 손바닥에서 뜀박질을 한 셈이다.

작가는 무수한 변혁의 반복적 실패에도 불구하고, 소설이 던진 하나의 화두를 철벽의 틈을 뚫고 나가는 하나의 파도로 보는 것 같다.

그러나 황석영의 문학에 있어서 일종의 방어기제로 작용하는 현실주의가 그의 세계관이나 시대의 억압에서 비롯된 것이라는 생각은 오류로 보아야 한다. 왜냐하면 민주·민족운동이 치열하게 전개되던 70, 80년대와 분단의 모순이 첨예하게 드러나던 90년대를 거쳐 그는 민주·민족운동의 최전선에 서서 작가로서 또는 민족운동가로서 가장 양심적인 행동을 실천한 인물이기 때문이다.

또 그의 이러한 기제를 역사적 사실에서 찾는다는 것도 불가능하다. 따라서 황석영의 현실주의는 한국문화 전통의 뿌리에 자리잡고 있는 운명적인 굴레, 한국인의 집단 무의식 속에 자리잡고 있는 개인적인 이기주의와 자신을 보전하려는 기회주의에서 찾아야 할 것이다.

이러한 현실주의의 정체를 밝혀 보기 위하여 시야를 넓혀 서로 나누는 이야기와 도둑 이야기, 아기장수 이야기의 밑바디를 관통하는 방어기제가 무엇인지를 분석하였다. ⸜

글말 이야기의 보고인 『삼국유사』와 입말 이야기의 주인공들은 소설 속에서 서로 나누고 베풀면서 동무가 되고 동지가 될 뿐, 명예와 재물을 탐내지 않고 사람을 살리고 가난을 구하는 길로 치달려 가는데, 이는 작가의 합리적 태도의 산물이다.

도둑 이야기 가운데 진사가 도둑 우두머리 된 이야기는 주인공이 향리의 토반인 관계로 유가의 사회질서 속에서 자신의 식견을 일정하게 시험해 볼 뿐 근본적인 사회개혁에 나서지 못하는 한계를 머금고 있다. 글 아는 이가 도둑 우두머리 된 경우도 활동 범위를 진사보다 넓혀 볼 뿐, 역시 한계에 부딪히고 만다. 그러나 민중이 도둑 우두머리 된 경우는 자신의 무명과 글 아는 이의 배신으로 거사를 일으키는 데 실패하고 만다.

썩어빠진 무능한 왕권에 대응하는 민중의 방어기제는 민중의 어둠으로 드러난다. 여기서 민중의 어둠이란 민중의 무지와 무명을 말하며, 이는 민중의 동물적인 자기보전 본능이나 가족의 생존을 위한 이기주의를 말한다. 이러한 방어기제가 형상화된 신화 형태가 바로 '날개 부러진 아기장수 이야기'이다.

황석영의 대하소설 『장길산』은 이러한 민중의 어둠과 겨레의 무지, 무명을 방어기제로 삼는 짜임새와 틀을 갖추고 있다. 서사에 보이는 장산곶매는 수리와 싸워 이긴 후 구렁이를 물리치나, 민중이 매어 준 오른발의 붉은 색실 매듭 때문에 나뭇가지에 걸려 죽고 만다. 여기서 민중이 장산곶매의 발에 매어 준 매듭은 민중의 인습과 굴레이며 그것이 일종의 무지와 무명이 되어 『장길산』을 관통하는 방어기제가 될 것임을 예시한다. 또한 결사에서는 능주 땅 운주사에서 노비가 나라의 주인이 되는 세상을 꿈꾸며 하룻밤 사이에 천불천탑을 세우려 하나, 노고를 참지 못한 한 노비가 닭이 울었다고 거짓말을 하여 용화세상은 무위로 돌아가고 만다. 한 노비의 무지와 무명이 역성혁명을 그르치고 만 셈이다. 이런 서사와 결사 가운데는 무수한 민중의 어둠과 겨레의 무지, 무명이 반복적으로 강조된다.

이제, 황석영의 대하소설 『장길산』을 아기장수 신화로 원상

복구하여 그 상징의 의미와 기능을 살펴보기로 한다.

소설의 첫머리를 활기차게 열어젖히는 장산곶매는 아기장수 신화에 나오는 용마로 볼 수 있다. 용마는 네 굽을 모아 땅 위를 달리는 말이면서, 천상을 나는 새의 기능을 한다. 서귀포 쌍둥이 아기장수 신화에는 용마 대신 황새가 나온다는 점을 상기하기 바란다.

마을 사람들은 장산곶매가 자신들의 소유라는 것을 확인하기 위하여 매의 오른발에 붉은 색실로 매듭을 지어 준다. 논자는 이 매듭이야말로 민중의 인습이요, 억압이며, 무지와 무명이라고 여러 차례 강조한 바 있다. 그럼에도 장산곶매는 뙤놈 오랑캐로 보이는 먼 바다에서 날아온 수리를 마을 사람들의 환호를 받아 가며 결사적으로 물리치고 만다. 그뿐인가 토착 봉건왕조 착취지배세력으로 보이는 구렁이마저 토막내 죽이나 자신은 민중들이 지어 준 매듭이 나뭇가지에 걸려 장렬하게 죽고 만다.

아기장수보다 먼저 태어나거나 아기장수가 죽고 난 뒤에 태어난 용마는 네 굽을 모으며 땅을 차고 달리다 용소에 빠져 죽고 만다. 천형과도 같은 어버이의 무지와 무명이 가족의 생존과 자신들의 목숨을 위해 아기장수를 죽이고 말았기 때문이다.

용마의 무엇보다도 소중한 소임은, 아기장수를 등에 태우고 지축을 차고 올라 창공을 누비면서 하늘의 뜻인 백성의 소망을 성취시키는 것이다.

『장길산』에 나오는 아기장수들은 모두 불구형 아기장수들이다. 또 아기장수의 출생을 점지하고 예시하는 중이나 이인은 운부와 풍열로 보아야 한다. 그런데 그들은 방향감각을 상실한 미치광이들이다. 운부는 힘도 없는 여환을 역성혁명의 미끼로 내던지고, 풍열은 월정사를 지키는 대신 된목이골을 먹이로 내던지는가 하면, 거사에 승병의 출병을 저지시키고 역성혁명이 실패로 돌아간 뒤에도 이곳 저곳을 떠돌며 역성혁명을 부추긴다. 일종의 진인으로 보이는 여환과 원향은 편집광 증세를 보이는데, 정작 거사에 앞서서는 칼도 한번 뽑아 보지 못하고 관군에 잡혀 죽을 뿐만 아니라, 살주계와 검계 일파도 같은 운명을 겪고 만다. 구월산 산채의 책사로 아기장수들을 오도하는 몽유병자가 바로 김기이다. 그는 입국회의를 주도하고 장길산 부대의 거사 참여를 저지시킨다. 무당 오계주는 거사에서 제일 먼저 발을 빼고, 이갑송마저 승병부대의 동원을 거부한다. 이렇듯 무지몽매한 장길산·강선홍·우대용 가운데 마감동이 있다는 사실을 주목할 필요가 있다. 그는 노비 출신으로 글을 배워 달이 질 때를 기다려 김식의 목을 치고 비도로 최형기의 기세를 꺾은 인물이다.

아기장수를 잡으러 다니는 역할을 맡은 최형기와 이권에 눈이 어두워 동지를 배신하는 고달근의 배신행위는 성격에 걸맞는 편이다.

관군에 쫓기는 아기장수는 '적두팥 서 말하고 잔조 서 말'을 가지고 땅 속으로 들어가 새로운 변신을 꾀하게 된다. 능주 땅

운주사에 모인 노비들은 곡물병사들로 보아야 하는데, 그들은
하룻밤 사이에 천불천탑을 세우면 수도가 이 곳으로 옮겨 와
새로운 세상, 노비가 나라의 중심이 되는 세상, 즉 용화세상이
온다 하여 미륵을 만든다. 곡물병사인 노비들이 만든 미륵이
야말로 그들이 새로운 세상을 만들기 위하여 타고 갈 말이나,
노고를 참지 못한 노비가 닭이 울었다고 거짓말을 하니, 관군
이 바위 틈새로 몰고 들어온 바람 때문에 곡물 말과 병사가 스
러지고 말 듯 그들이 열망하던 용화세상은 무위로 돌아가고
만다.

마지막으로 황석영의 대하소설 『장길산』이 머금고 있는 사
회적 의미와 기능을 살펴보기로 한다.

황석영은 리얼리즘을 '사실주의'로 번역하지 않고, '현실주
의'로 수정 번역하였다고 말한 바 있다. 그러니까 황석영이 사
용하는 '현실주의'란 '리얼리즘'의 동의어인 셈이다. 그러나
이제까지 거듭하여 검토한 바와 같이, 황석영의 '현실주의'는
'리얼리즘'과 동의어가 아니라는 사실이 논증되었다. 오히려
황석영이 말하는 그것은 염무웅이 말한 바와 같이, '명분과 도
의 따위에 얽매이지 않고, 철저히 현실적 이해득실에 따라 행
동하는 냉혹한 현실주의'에 가깝다는 사실을 확인하였다. 그
것은 '자유'나 '해방'이 아니라 '억압'과 '착취'이며, '분열'
에 가까운 자신과 집단의 이해득실을 대변하는 기회주의나 이
기주의의 속성을 지니고 있다. 그것은 루카치가 지적하는 바
와 같이, '사회구조의 모순을 날카롭게 통찰하여, 앞으로의 사

회발전의 방향을 보여 주는 것'도 아니며, '역사소설이 현실에 대한 인식을 풍부하게 할 뿐만 아니라, 미래의 역사적 방향을 제시'하는 것도 아니다. 개인적이든 집단적이든 이기주의를 극복하지 못하였다는 의미에서도 『장길산』은 리얼리즘 소설로 보기 힘들다.

사회혁명이나 역성혁명을 언제나 찬양할 만한 일은 아니다. 그러나 썩어 버린 무능한 정권을 엎어 버리고 '농민이 중심이 되는 나라', '노동자가 주인이 되는 나라', '기층민중이 사람 대접 받는 나라'를 세우는 데 필요악이라면, 그것은 불가피한 선택일 수밖에 없다. 더구나 민중의 어둠인 반복되는 고통의 고리를 끊어 버리고 혼돈과도 같은 저 어둠의 무지와 무명을 향하여 불씨를 던져 주는 일이라면, 그것은 마땅히 찬양받아야 한다. 작가는 어둠을 밝히는 하나의 불씨가 되어야 한다.

황석영은 대하소설 『장길산』을 통하여 민중의 어둠과 겨레의 무지와 무명을 폭로하였다. 빛나는 단편 「삼포 가는 길」에서는 하늘에서 내려온 아기장수가 벅수나 장승, 또는 하루방이 되어 우리와 똑같은 모습으로 우리 곁에 살고 있다는 사실을 보여 주었다.

## ■ 참고 문헌


황석영, 『객지』(창작과비평사, 1974년)

황석영, 『장길산』(창작과비평사, 1984년)

황석영, 『사람이 살고 있었네』(시와사회, 1993년)

황석영 대담, 「새로운 문명적 대안과 문학론을 위하여」, 『아
　　　들을 위하여』(이룸, 2000년)

황석영, 『오래된 정원』(창작과비평사, 2000년)

황석영, 『무기의 그늘』(창작과비평사, 2000년)

황석영, 『손님』(창작과비평사, 2001년)

황석영, 『아우를 위하여』(다림, 2002년)

황석영, 『심청』(문학동네, 2003년)


강영주, 「역사소설의 리얼리즘과 민중성―『장길산』론」, 『한
　　　국 역사소설의 재인식』(창작과비평사, 1991년)

―――, 「『장길산』과 역사적 진실성의 추구」, 『창작과비평』

(1990년 겨울호)

———,「『장길산』의 형상화 방식과 이야기체」,『자하어문논집 8』(상명여대, 1991년)

강형철,「작품보따리 속에 가득한 민중의 한과 삶-소설가 황석영 편」,『동서문학』(1986년 11월호)

———,「한반도라는 늪, 그 골짜기-'골짜기' 황석영 소설집」,『한국문학』(1987년 10월호)

구중서,「한국 리얼리즘 문학의 형성」,『창작과비평』(1970년 여름호)

권순긍,「이야기로서의 회복과『장길산』」,『문학의 시대』(풀빛, 1986년 제3호)

권영민,「역사적 상상력과 소설적 형상화」,『신동아』(1984년 11월호)

김병걸,「역사소설과 민중소설」,『문학과지성』(1976년 가을호)

———,「한국소설과 사회의식」,『창작과비평』(1972년 겨울호)

김병욱,「개인과 역사-「한씨 연대기」를 중심으로」,『월간문학』(1972년 겨울호)

김병익,「역사와 민중적 상상력-황석영의『장길산』」,『예술과비평』(1984년 여름호)

김수업,「아기장수 이야기 연구」, 경북대학교 박사학위논문, (1994년)

김시태, 「시련에 처한 사람들의 이야기 ─ 황석영 저 「객지」」,
     『광장』(1985년 12월호)

김영호, 「민주의지의 역사적 확인 ─ 황석영의 『장길산』을 어
     떻게 볼 것인가」, 『외국문학』(1984년 겨울호)

김우종, 「역사소설의 새로운 지평」, 『문학사상』(1984년 12월
     호)

김윤식, 「황홀경의 사상 ─ 황석영 저 『장길산』」, 『소설문학』
     (1985년 7월호)

김인환, 「체험의 입체」, 『창작과비평』(1977년 여름호)

김정호, 「한국신화의 여성주인공 연구」, 경상대학교 박사학
     위논문(1999년)

김주연, 「떠남과 외지인의식」, 『현대문학』(1979년 5월호)

김  철, 「제국주의와 정치적 무의식」, 『문학과사회』(1990년
     봄호)

김치수, 「한국소설은 어디에 와 있는가 ─ 최인호와 황석영을
     중심으로」, 『문학과지성』(1972년 가을호)

김헌선, 「『장길산』의 서술층위와 짜임새의 의미」, 『비평문학』
     (1988년 8월호)

류종호, 「근대소설과 리얼리즘」, 『창작과비평』(1976년 봄호)

백낙청, 「변두리 현실의 문학적 탐구」, 『한국문학』(1974년 2
     월호)

송수권, 「온산의 바위들이 달려온다! ─ 황석영의 『장길산』과
     운주사」, 『금호문학』(1990년 1월호)

서정숙,「황석영의 작가의식 연구」,『부산교대국어과교육 9』
　　(1989년)

신동한,「폭넓은 리얼리즘의 세계」,『창작과비평』(1974년 가
　　을호)

신승희,「『장길산』론」,『어문연구 7』(1991년)

염무웅,「염무웅 평론집」,『민중시대의 문학』(창작과비평사,
　　1994년)

오생근,「개인의식의 극복」,『문학과지성』(1974년 여름호)

─── ,「절실한 절망의 힘」,『창작과비평』(1978년 가을호)

─── ,「황석영, 혹은 존재의 삶」,『문학과지성』(1978년 가
　　을호)

이동하,「『장길산』의 의적 모티브 ─ 역사를 보는 눈」,『문학
　　과비평』(1987년 여름호)

─── ,「70년대 민중소설의 한 고전」,『문학의 길, 삶의 길』
　　(문학과지성사, 1987년)

이보영,「실향문학의 양상」,『문학과 지성』(1976년 봄호)

이상섭,「「삼포 가는 길」 자세히 읽기의 한 시도」,『문학과
　　비평』(1988년 봄호)

이우성 외 옮김,『이조한문단편집』(일조각, 1976년)

이월영 옮김,『청구야담』(한국문화사, 1995년)

이재선,「상민적 삶의 형태론 ─『장길산』론」,『이정정연찬선
　　생회갑논총』(1989년)

이종오,「60~70년대 공업화 과정에서의 사회구조의 변화와

사회운동」, 『한국사회학』(1986년 2월호)

이태동, 「역사적 휴머니즘과 미학의 근거 ─ 황석영론」, 『세계의 문학』(1981년 봄호)

이호철, 「다양하게 형상화된 한국인상」, 『독서생활』(1976년 9월호)

임철규, 「우리 시대의 리얼리즘」, 『창작과비평』(1980년 여름호)

임헌영, 「변혁운동과 불교사상 ─ 『장길산』, 『토지』, 『태백산맥』에 나타난 승려상」, 『불교문학』(1988년 3월호)

장세진, 「소외집단의 존재인식 ─ 황석영의 작품세계」, 『표현』(1989년 1월호)

장양수, 「오늘의 모순에 분기한 과거의 의적 ─ 황석영의 『장길산』론」, 『동서문학』(1990년 12월호)

정현기, 「1970년대 소설의 노사갈등 모티브 연구」, 『매지논총 7』(1990년)

정호응, 「베트남 민족해방투쟁의 안과 밖 ─ 『무기의 그늘』론」, 『외국문학』(1990년 봄호)

조흥식, 「70·80년대 산업화와 빈민」, 『역사비평』(1999년 2월호)

천이두, 「반논리와 논리 ─ 황석영의 「삼포 가는 길」」, 『문학과지성』(1973년 겨울호)

한국정신문화연구원 편, 『한국구비문학대계』(한국정신문화연구소, 1980년)

홍기삼,「상업시대의 노동운동과 노동문학」,『동국대한국문
    학연구 10』(1987년)
홍두승·안치민,「산업화와 계층구조의 변화」,『한국 현대
    사와 사회변동』(문학과지성사, 1997년)
홍성암,「역사소설의 양식 고찰」,『한양대한국학논집 11』
    (1987년)
홍정선,「김지하와 황석영의 고행」,『정경문화』(1985년 10월
    호)
황광수,「삶과 역사적 진실성 —『장길산』론」,『한국문단의
    현단계』(창작과비평사, 1982년)
황패강, 사복설화시론,『한국서사문학연구』(단국대학교출판
    부, 1977년)

**사람 살리고 가난 구하는 역성혁명**

처음 찍은날 · 2005년 2월 05일
처음 펴낸날 · 2005년 2월 15일

지은이 · 신경득
펴낸이 · 송영현
펴낸곳 · 살림터

주소 · 122-806 서울시 은평구 갈현동 355-22
전화 · 02-3141-6553 (대표)
전송 · 02-3141-6555
전자우편 · sltslt@chol.com
신고번호 · 제313-1990-000007호 (1990년 5월 15일)

제판 · 으뜸애드래픽
인쇄 · 해성인쇄
제본 · 길성제책

값 8,000원